KB082459

사장을 위한 노자

CEO의 서재 · 34

사장을 위한 노자

도덕경 모르고 사업하지 마라

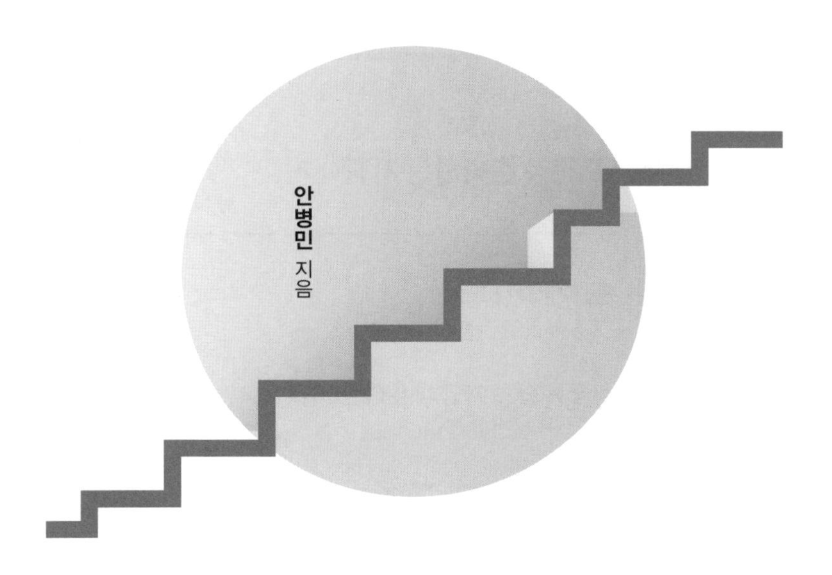

센시오

목차

PART2 지혜
행복한 성장을 꿈꾸는 사장에게

PART 3 성찰
고객과 직원의 행복을 꿈꾸는 사장에게

PART 4 도전

달라진 세상에 맞춤하는 혁신을 꿈꾸는 사장에게

창의혁신의 CEO 노자

1. 꽤 세월이 흘러 이젠 흔적을 찾기도 쉽지 않지만 얼굴에 만 흉터가 세 개다. 꼬꼬마 시절, 비슷한 덩치의 개와 싸우다(?) 생긴 상처, 이웃집 담벼락을 넘으려다 담장 위 뾰족한 쇳조각에 베어 생긴 상처, 키 높이의 콘크리트 구조물 위에서 떨어져 생긴 상처들이다. 온몸에 크고 작은 상처가 끊이질 않았던 어린 시절이었다. 돌아가신 할머니가 나를 '잔나비'라 부르셨던 이유다. 그만큼 짓궂었다. 그런 아이에게 규정과 규범은 따라야 할 그 무엇이 아니다. 외려 도전의 대상이다. 그걸 왜 지켜야 하지? 금기는 없다. 그냥 한다. 그래서 많이도 다쳤고, 그래서 많이도 혼

났다. 하지만 멈출 수 없었다. 이유는 간단하다. 재미있으니까.

2. 그러다 노자를 만났다. 중학교 윤리 교과서에서였나 보다. 세상의 틀에 맞추어 성실하게 살라며 모두 뻔한 이야기를 하는데, 노자는 달랐다. 지금껏 배워온 세계와는 전혀 다른 세상 사람 같았다. 예컨대 공자가 반듯한 '본전(本傳)'이라면 노자는 살짝 비틀린 '외전(外傳)'의 느낌. 제대로 이해는 할 수 없었지만, 왠지 모르게 끌렸던 비주류의 향기. 이제 와 돌아보니 노자가 전하는 전복과 일탈의 혁신 메시지에 본능적으로 마음이 갔었던 듯하다. 세상만사 따분하던 까까머리 중학생의 마음에 그만큼 특별하게 다가왔던 노자. 하지만 교과서는 많은 분량을 노자에게 할애하지 않았다. 우리의 인연도 딱 거기까지였다. 그런데도 그 이름만큼은 선홍빛으로 내게 남았다.

3. 짓궂었던 아이는 이내 자라 학교를 졸업하고, 사회생활을 시작했다. 첫 회사는 광고회사였다. 광고회사 업무는 매월 같은 일이 반복되는 게 아니었다. 지난 시즌에 세탁세제를 광고했다면, 이번 시즌엔 신사복 광고를 맡는 식이었다. 지루하고 심심한 건 참을 수 없었던 성격이었다. 광고 일은 내게 안성맞춤이었다. 다이내믹했고, 그만큼 재미있었다. 그렇게 나는 '마케터'가 됐다.

4. 광고회사의 초보 마케터는 이후 인터넷 회사, 보험회사의 마케팅 리더로서 마케팅 일을 이어갔다. 시간이 흐르니 직급도 올랐다. 교육회사, 나노융합소재 기술회사에서는 임원 자리에까지 올랐다. '차별화'를 넘어 '혁신'을 해야 하는 자리였다. 마케팅과 세일즈를 포함하여 리더십과 조직문화를 아우르는, '경영'이란 개념에 눈을 뜨게 된 배경이다.

5. 더군다나 분초 단위로 변화가 일어나는 4차산업혁명의 세상. 모든 게 '디지털'로 바뀌는데 'MZ세대'까지 속속 조직에 합류하니 수많은 리더가 소위 '멘붕'에 빠졌다. 거기다 '코비드19'라는 전대미문의 바이러스 직격탄까지 맞았으니 혁신의 중요성은 더욱 커졌다. 상식은 순식간에 오답이 됐고, 혁신은 생존의 키워드로 부상했다. 마케팅과 세일즈도 혁신해야 했고, 리더십과 조직문화도 혁신해야 했다. 변해야 살 수 있는 세상이었다. 변하지 않으면 나락으로 떨어지는 세상이었다.

6. 그 와중에 운명처럼 다시 노자를 만났다. 날카로운 첫 키스의 추억이 되살아났다. 중학교 시절 아쉽게 끝났던 노자와의 인연이 본격적으로 시작됐다. 제대로 '노자 앓이'에 빠졌다. 노자를 읽고, 노자를 듣고, 노자를 말하고, 노자를 썼다. 세상 모든 걸 노자와 이었고, 세상 모든 게 노자와 이어져 보였다. 의도

했던 건 아니지만 전작 《마케팅 리스타트》, 《경영 일탈》, 《그래서 캐주얼》, 《숨은 혁신 찾기》에도 노자 철학의 향이 배어들었을 수밖에. 그만큼 노자를 부둥켜안고, 노자와 함께 살았다.

7. 내 눈에 노자는 창의혁신의 CEO였고, 내 눈에 《도덕경》은 경영혁신의 바이블이었다. '무위자연(無爲自然)'은 그 무엇보다도 강렬한 도전과 혁신의 지혜였고, '유무상생(有無相生)'은 그 무엇보다도 강렬한 창의와 상상의 통찰이었다. 너무나 당연하다 싶었던 상식의 틀이 산산이 깨져 나갔다. "산산조각이 나면/ 산산조각을 얻을 수 있지/ 산산조각이 나면/ 산산조각으로 살아갈 수가 있지" 정호승 시인의 시 <산산조각>의 한 대목이다. 산산조각이 나면 큰일 난다 싶었는데 산산조각이 난 내 생각은 더 커졌고, 더 깊어졌으며, 더 높아졌다. 무엇보다도 더 자유로워졌다.

8. "다섯 살짜리 아이가 엄마 손 잡고 다니면 마냥 행복하다. 그런데 시장 바닥에서 엄마를 잃어버렸다. 눈앞이 캄캄해진다. 그러다 엄마를 다시 찾는다. 감격이다. 고전 읽기는 시장 바닥에서 엄마를 찾는 일이다. 세상에 그보다 행복한 길은 없다." 성균관대 이기동 명예교수님 얘기다. '속도'와 '효율'이 최고의 가치이던 산업화 사회. '표준'과 '획일'이 경쟁력이자 미덕일 수밖

에 없었던 세월이었다. 하지만 세상은 달라졌다. 변동성과 불확실성과 복잡성과 모호성이 커졌다. 늘 곁에서 내 손을 잡아주던 엄마가 불현듯 사라져 버린 셈. 이전과는 전혀 다른 차원의 담론이 필요했다. 노자는 그래서, 잃어버린 엄마를 다시 찾은 듯, 내게는 '유레카'였다.

9. 노자 《도덕경》에서 찾아낸 경영의 지혜와 통찰을 이 책 《사장을 위한 노자》로 엮었다. 물론 철학을 전공한 것도 아니거니와 노자 철학 전문가는 더더욱 아니다. 학문으로서의 노자를 논하라면 머리를 숙이고 꼬리를 내릴 수밖에. 하지만 경영이란 분야에서 실무와 교육과 컨설팅을 해 온 세월이 20년을 훌쩍 넘겼으니 경영 리더를 위한 노자의 혁신적인 시선만큼은 공유할 수 있겠다 싶었다. 마침 "경영은 전략을 넘어 철학"이라 부르짖고 다니던 참이었으니, 딱딱 퍼즐이 들어맞았다.

10. 무지무욕(無知無欲). 아는 게 없으면 욕심도 없다는 뜻이다. 노자가 깊은 수양의 경지에 이른 사람을 '갓난아기'에 비유하는 이유다. 갓난아기의 '개별성'을 극복하고 '인(仁)'을 가진 존재로서의 '보편성'을 지향하고자 '극기복례(克己復禮)'를 역설했던 '공자'와 엇갈리는 대목이다. 공자 계열의 '순자'가 '성악설'을 주장했던 게 그래서 이해가 된다. 교육을 통해 타고난 악을 제

거하고 선한 방향으로 나아가도록 유도하려는 이유였겠다. 노자에게는 이 모든 게 '무위'가 아닌 '유위'로 보였을 터다.

11. 뜨기 위해 아등바등 애를 써야 하는 비행기와 달리 유유히 물 위에 떠 있는 배를 보며 '성공(成功)'이 아니라 '공성(功成)'의 지혜를 깨닫는다. 공은 이루는 게 아니다. 이루어지는 거다. 그래서 '성공'이 아니라 '공성'이다. 문득 돌아보니 '무위(無爲)'를 강조한 노자 얘기를 이렇게 책으로 엮는 일 자체가 '유위(有爲)'가 아닌가 싶다. '공성'을 말하며 '성공'을 놓지 못하는 어리석음이 내게서 드러난다. '바캉스'의 어원은 '바카티오'라는 라틴어로 '텅 비어있다'라는 뜻이다. 비워야 채울 수 있다. 이 책 《사장을 위한 노자》를 통해 내 머리를 다시금 비워낸다. 또 다른 채움을 위해서다. 나의 유위를 꾸짖을 노자에게 늘어놓는, 구차한 변명이다.

12. 보고 싶은 대로 보는 게 아니다. 보이는 대로 보는 거다. 그래야 세상을 품을 수 있다. 나의 진실을 세상에 강요하는 것이 아니다. 세상의 진실을 내가 품어 안는 것이다. 관건은 '마음 비움'이다. "추강(秋江)에 밤이 드니 물결이 차노뫼라/ 낚시 드리치니 고기 아니 무노뫼라/ 무심(無心)한 달빛만 싣고 빈 배 저어오노뫼라" 세조의 맏손자이자 성종의 친형인 월산대군의 시조

다. 잡은 고기는 없지만 배는 교교한 달빛으로 가득하다. 세상 만사, 그저 무심할 일이다. '무심(無心)'이 곧 '무위(無爲)'이며, '무위(無爲)'가 곧 '혁신(革新)'이어서다. 무위하면 못할 일이 없다. 이 책의 독자들과 널리 나누고 싶은 노자의 가르침이다.

2021년 파릇파릇 밤송이가 익어가는 가을 초입에
혁신가이드 안병민 쓰다

PART 1

시작

새로운 도전을 준비하는 사장에게

노자가 챙긴 세 가지 보물

“저를 작은 항아리로 만들어주세요”

‘버려라, 비워라.’라고 말했던 노자도 정작 따로 챙겨 놓은 보물이 있다. 그 보물은 《도덕경》 67장에 숨어 있다.

아유삼보 지이보지(我有三寶 持而保之). 나에게는 세 가지 보물이 있다. 그것을 잘 지켜 보존한다. 일왈자 이왈검 삼왈불감위천하선(一曰慈 二曰儉 三曰不敢爲天下先). 첫째는 자애로움이고, 둘째는 검약함이며, 셋째는 세상을 위한다는 구실로 감히 남들 앞에 나서지 않음이다.

노자의 보물답다. 이 세 가지 보물은 경영에도 오롯이 담을 수 있다. 사장이라면 새겨야 할 내용이다.

먼저, 자애로움이다. 이는 고객과의 관계에서 반드시 필요한 덕목이다. 지금껏 마케팅과 세일즈는 제품과 서비스를 팔아 매출과 수익을 올리는 수단이자 도구였다. '어떻게 팔아야 많이 팔 수 있을까?'가 초미의 관심사였다. 사장이 '이런 광고를 해볼까?' '저런 이벤트를 걸어볼까?' 같이 늘 고심했던 이유다. 그런데 시장이 바뀌었다. 품질과 디자인, 브랜드와 이미지를 구매 기준으로 삼던 고객이 이젠 기업의 철학과 가치를 주목한다. '어떻게 팔까?' 이전에 '왜 파는 걸까?'에 대한 답을 찾아야 하는 상황이다. "많이 팔아서 좋은 차 사고, 좋은 집 사려고요." 이런 대답에 기꺼이 지갑을 열 고객은 더 이상 없다. 어차피 품질과 디자인은 별 차이도 없다. 전략을 넘어 철학이 중요한 시장이다. 고객이 사랑하는 회사의 사장은 다른 답을 내놓는다. "더 좋은 가치를 제공해서 더 나은 세상을 만들려고요."

마케팅과 세일즈는 더는 고객의 지갑을 열게 만드는 기술이나 전술이 아니다. 이제 그것은 고객 행복의 철학이다. 고객이 무엇을 힘들어하는지, 무엇을 불편해하는지, 무엇을 두려워하는지 살펴야 한다. 그 고통과 고민의 원인을 제거해 고객을 행복하게 만들어주는 것. 이게 마케팅이고 세일즈다. '이걸 고객이 사면 그의 삶이 개선될까?', '세상은 더 나은 곳이 될까?' 같은 고민은 달라진 시장에서의 비즈니스 성공 기준이다.

그래서 중요한 게 자애다. 고객을 불쌍하게 생각해야 한다. '불쌍히 여김'은 곧 '어짊(仁)'이다. 사장에게 측은지심이 필요한 이유다. 반드시 기억하자. 고객은 설득이나 공략의 대상이 아니다. 우리의 제품과 서비스를 통해 행복하게 만들어줘야 할 사장의 파트너다.

둘째, 검약함이다. 사장의 자기수양으로 이어지는 덕목이다. 연이 멀리 날지 못하는 것은 실에 묶여 있기 때문이다. 개가 멀리 뛰지 못하는 것은 줄에 묶여 있기 때문이다. 사장이 그 뜻을 멀리 펼치지 못하는 것도 마찬가지다. 보이지 않는 줄이 사장을 묶고 있어서다. 그것은 다름 아닌 탐욕이다. 밥 한 공기와 물 한 그릇으로 행복할 수 있는 사람이 불행해지기 시작하는 이유? 귀한 음식과 비싼 술을 마시면서부터다. 다산 정약용도 그랬다. 세상에는 속여도 되는 게 딱 하나 있으니 그건 내 입이라고.

"음식이 주는 기쁨은 하잘것없는 육신의 잠깐 사이의 즐거움이다. 그러니 먹어 배불러지고 싶으면 더 먹지 말고 욕심을 줄여야 한다."

천주교 수양서 '칠극(七克)'에 나오는 내용이다.

욕심에는 브레이크가 없다. "이 정도는 괜찮겠지." 대부분 그렇게 시작한다. 하지만 이내 폭주한다. 달리는 호랑이 등에 올라탄 듯 스스로 멈출 수가 없다. 사장이 사치를 일삼으면 고통은 백성 몫이다. 민지기 이기상식세지다(民之饑 以其上食稅之多). 백성들이 굶주리는 것은 위에서 세금을 너무 많이 거둬들이기 때문이다. 민지경사 이기상구생지후(民之輕死 以其上求生之厚). 백성들이 죽음을 가벼이 여기는 것은 통치자가 자기 혼자 잘 먹고 잘살려고 해서다.

멀리 갈 것도 없다. 녹두장군 전봉준의 봉기는 가렴주구를 일삼던 고부군수 조병갑 때문이었다. 리더가 사리사욕에 빠져 백성을 못살게 하니 죽음을 무릅쓰고 백성이 들고일어난 것이다.

"저를 작은 항아리로 만들어주세요."

흙이 도공에게 얘기했다.

"다들 크게 만들어 달라고 하는데 너는 어찌해서 작게 만들어 달라고 하니?" 도공의 질문에 흙이 말한다.

"작은 항아리는 금세 채워지기에 항상 만족하지만, 큰 항아리는 채우기가 힘드니 늘 불만이거든요."

가진 것보다 욕심이 적으면 행복이고, 가진 것보다 욕심이 크면 불행이다. 그 욕심을 제어하는 게 검약이다. 검약은 리더가 반드시 갖춰야 할 덕목이다.

끝으로, 감히 나서지 않음이다. 직원과의 관계에서 무척이나 중요한 미덕이다. '나서지 않음'은 '고집하지 않음'이다. 겸손이다. 우리의 감각은 불완전하다. 그걸 믿고 내리는 판단이 정확할 리 없다. 승자의 환호는 곧 패자의 눈물이다. 자신의 자리에 가만 서서 자신의 시점으로만 바라보면 '환호'만 보인다. 자리를 옮겨가며 입체적인 시각으로 봐야 '눈물'까지 보이는 법이다. 입장을 강요하는 행위가 위험한 건 그래서다.

'나'를 고집하지 않으면 상대와의 경계는 사라진다. 하나가 될 수 있다. 꽃을 보면 꽃이 되고, 산을 보면 산이 된다. 상대와의 조화다. 그것은 화합이고 융합이다. 사장이 카리스마의 힘으로 조직을 장악하려 할 때, 겸손한 사장은 소금이 물에 녹듯 자연스레 조직과 하나가 된다.

겸손한 사장이 빚어내는 긍정적인 영향은 적지 않다. 겸손한 사장은 열려 있다. 늘 배우려는 자세다. 상대를 존중하고, 다른 이의 강점을 칭찬한다. 자신의 약점을 인정하고, 보완하려 노력한다. 학습하는 조직문화를 통해 높은 성과를 만들어낸다. 팀워크 또한 단단해질 수밖에 없다.

밀레니얼 세대 역시 리더가 갖춰야 할 중요한 덕목으로 전략(45%)과 도덕성(45%), 그리고 겸손(43%)을 꼽았다. 용기, 설득력, 회복탄력성, 포용력, 진정성 등이 그 뒤를 이었다. 글로벌 경영컨설팅펌 이곤젠더의 2019년 연구결과다. 많은 기업이 직원 채용

과 승진에서 겸손을 중요한 평가 기준으로 삼은 이유다

“세월도, 가수라는 직업의 무게도 무거운데 훈장을 달면 그 무게를 어떻게 견딥니까? 노래하려면 영혼이 자유로워야 하는데, 훈장 달면 아무것도 못 할 것 같습니다.”

‘가황’ 칭호를 받는 국민가수 나훈아의 말이다.

불감청고소원(不敢請固所願)이다. 감히 청하지는 못할지언정 진실로 원하는 바다. 다들 갖지 못해 안달인 나라의 훈장을 그는 사양했다. 앞으로 나서지 않고 뒤로 몸을 물렸다. 그랬더니 사람들은 외려 더 추켜세운다. 까짓 훈장이 대수인가? 국민 마음속에 그는 이미 노래의 황제인 것을.

용은 공격하기 전에 뒤로 몸을 움츠린다. 호랑이는 달려들기 전에 아래로 몸을 낮춘다. 물러서는 행위는 패퇴가 아니다. 물러섬이 곧 나아감이다. 최고의 사장은? 두말할 것 없다. 겸손한 리더다.

노자가 귀히 여기는 세 가지 보물은 비즈니스 현장을 누비는 사장에게도 보배로운 길잡이다. 이 모두를 잘 지킨다면? 자고능용 검고능광 불감위천하선 고능성기장(慈故能勇 儉故能廣 不敢爲天下先 故能成器長). 자애로우므로 용기를 낼 수 있고, 검약하기 때문에 넓어질 수 있으며, 앞에 나서지 않기에 천하를 다스릴 수 있다. 고객을 사랑하기에 불굴의 기업가정신을 통해 새로운 도전을 할 수 있는 거다. 나 자신을 경계하기에 탐욕의 늪에 빠지지 않고 더 큰 리더로 성장할 수 있다. '나'를 고집하지 않으니 조직과 하나 돼 행복한 성장의 역사를 함께 써 내려갈 수 있다.

A 제품을 만드는 회사라면, A보다 더 나은 제품으로 제압할 수 있다. B 서비스를 만드는 기업도 마찬가지다. B보다 더 좋은 서비스를 제공하면 승리할 수 있다. 하지만 고객을 사랑하는 자애로운 사장, 사치를 거부하는 검소한 사장, 자신을 고집하지 않는 겸손한 사장이 이끄는 조직이라면 풀이가 힘든 고차방정식이 된다. 경쟁사가 쉽게 넘볼 수 없다. 두 손 들고 물러설 수밖에.

노자의 한 마디

아유삼보 지이보지(我有三寶 持而保之).

일왈자 이왈검 삼왈불감위천하선(一曰慈 二曰儉 三曰不敢爲天下先).

나에게는 세 가지 보물이 있다. 그것을 잘 지켜 보존한다. 첫째는 자애로움이고, 둘째는 검약함이며, 셋째는 세상을 위한다는 구실로 감히 남들 앞에 나서지 않음이다. 어떻게 해야 많이 팔 수있을까? 그 답은 노자의 세 가지 보물에 담겨 있다.

행복한 '성장 체험'을 제공해야 하는 이유

경영은 타사와의 전쟁이 아니다

직원 2만 명에 매출 1,110억 달러. 천연가스 유통회사로 시작했다. 초고속통신사업에 이르기까지 다양한 분야로 비즈니스 영역을 확대했다. 최고의 혁신기업으로 손꼽히며 미국 재계 서열 5위까지 올라간 회사는 걷잡을 수 없이 밑으로 떨어졌다. 역대 최악의 회계비리 사건으로 파산한 엔론의 이야기다.

폭스바겐 사례도 있다. 생산과 판매에서 GM과 토요타를 꺾고 세계 1위 완성차 기업이 됐다. 하지만 한순간에 만신창이가 됐다. 디젤차 배출가스 조작 스캔들 때문이다.

엔론과 폭스바겐, 두 개 회사의 비극을 관통하는 요인은 '카리스마 리더의 탐욕'이다. 제왕적 CEO가 설정한 무리한 목표에 토를 달 수 없었던 직원들은 생존을 위해 윤리와 비윤리의 경계를 걷어차 버렸다. 살아남기 위한 고육지책이었다.

'비즈니스 목적' 상실도 커다란 배경이다. 우리가 왜 이 사업을 하는지에 대한 이유를 모르는 거다. 그러니 돈과 성과만을 향해 내달린다. 엔론과 폭스바겐의 외형은 그렇게 키워낸 허상이었다.

불상현(不尙賢) 사민부쟁(使民不爭) 불귀난득지화(不貴難得之貨) 사민부위도(使民不爲盜) 불견가욕(不見可欲) 사민심불란(使民心不亂).

똑똑함을 귀히 여기지 않으면 사람들은 서로 싸우지 않는다. 얻기 어려운 재물을 소중히 여기지 않으면 사람들은 남의 것을 훔치지 않는다. 욕심날 만한 것을 보이지 않으면 사람들의 마음이 어지럽지 않다.

《도덕경》 3장에 나오는 문구다. 죽이지 않으면 죽을 수밖에 없는 제로섬(Zero-Sum)의 경쟁을 조장하지 말라는 노자의 통찰이다.

스페인 IE경영대학원의 크리티 쟌 교수는 직원 간의 비교평가는 부도덕성을 자극한다는 연구결과를 내놨다. 상대평가 방식은 직원 간의 경쟁만 부추기고 단기성과에만 집착하게 만든다는 거다. 그 과정에서 거짓말과 성과 위조 등의 유혹에 빠지게 마련이라는 내용이다. 엔론과 폭스바겐 실패 사례가 고스란히 겹쳐 보이는 대목이다.

많은 사장이 위기 때마다 꺼내 드는 '인센티브' 카드도 그렇다. 많은 학자의 연구나 실험결과에 의하면 인센티브 제도에 부정적이다. 단기 효과는 있을지 몰라도 장기적으로는 마이너스라는 것이다. 인센티브에 대한 민감도가 금세 떨어져서다. 초기에 10만 원만 걸어도 활기가 넘치던 직원들의 표정이 제도가 지속되면 어느새가 시큰둥하다. 그러니 다음번엔 20만 원을 걸어야 한다. 직원들의 기준치는 끝없이 높아만 간다. 인센티브에 내성이 생기기 때문이다.

인센티브는 직원의 '자율성' 파괴로도 이어진다. 그저 돈만 보고 움직인다. 꼭두각시 인형이 따로 없다. 그뿐만 아니다. '창의성'마저 질식시키는 게 인센티브다. 인센티브를 받아야 하는데 결과를 예측할 수 없는 새로운 도전을 한다? 어불성설이다. 그러니 케케묵은 과거 경험만 답습한다. 혁신의 실종이다.

더 큰 문제는 '일의 목적' 자체가 사라져버리는 데 있다. 이를테면 고객 행복을 위해 일을 하는 게 아니라 인센티브 때문에 일을 하는 것이다. 만약 이 둘 간의 충돌이 발생한다면? 승리는 당연히 후자다. 자신의 이익을 위해 고객의 행복 따위야 얼마든지 희생시킬 수 있게 된다. 인센티브의 아이러니한 진실이다.

그래서 노자는 덧붙인다.

성인지치(聖人之治) 허기심(虛其心) 실기복(實其腹) 약기지(弱其志) 강기골(强其骨). 성인의 정치는 사람들의 헛된 욕심을 비우고 근원적인 만족을 이뤄주며, 허망한 뜻을 약화하고 본질적 뼈대를 강하게 만든다는 의미다.

백성들로 하여금 허상과 허업에 대한 갈망에서 벗어나 뿌리 차원에서의 성장과 행복을 추구하게 하는 게 성인의 정치라는 가르침이다.

경영을 타사와의 전쟁으로 생각하고 무조건 이기려고만 드는 사장이 여기저기 넘쳐난다. 직원들에게 당근과 채찍을 번갈아 휘둘러보지만 제대로 된 성과는 요원하다. 공(功)은 이루는 게 아니라 이루어지게 하는 것이라는 노자 말처럼 당근과 채찍으로 될 일이 아니다.

직원들의 업무를 '비윤리적 생존경쟁'이 아니라 '행복한 성장체험'으로 바꿔주는 것. 이것이 사장이 마땅히 맡아야 할 진짜 역할이다.

노자의 한 마디

성인지치(聖人之治) 허기심(虛其心) 실기복(實其腹) 약기지(弱其志) 강기골(强其骨).

성인의 정치는 사람들의 헛된 욕심을 비우고 근원적인 만족을 이루어주며, 허망한 뜻을 약화시키고 본질적 뼈대를 강하게 만든다. 사업은 전쟁이 아니다. 성공은 당근과 채찍으로 될 일이 아니다. 사장이라면 직원의 행복한 성장체험을 위해 노력하자.

리더라면 물처럼! 물처럼 리드하라!

물에게서 배우는 일곱 가지 경영의 지혜

상선약수(上善若水). 최고의 가치는 물과 같다. 《도덕경》에 나오는 노자의 가르침이다. 우리는 매일 물을 마시며 산다. 우리 몸의 70%가 물이고, 물 없이 버틸 수 있는 최대기간이 3일이라니 말 그대로 생명수다. 물리적, 생리적 효과뿐만 아니다. 물이 우리에게 주는 효용은 더 있다. 제왕학 관점에서의 물이다. 노자가 일찍이 찬탄해 마지않았던 물의 미덕은 과연 무엇일까? 물에서 찾아 읽는 사장의 이야기다.

먼저, 거선지(居善地). 물은 낮은 곳으로 흐른다. 물이 높은 곳으로 거슬러 흐르는 법은 없다. 아무도 원치 않는, 낮은 곳으로 흐르는 게 물이다. 이것은 겸손이다. 낮춤으로써 올라간다. 내려가니 올려본다. 많은 사장이 스스로 앞장서려 하지만 뒤로 밀리고 만다. 겸손이 빠져서다. 겸손해야 경청할 수 있다. 경청해야 소통할 수 있다. 소통 없는 조직에 남는 건 영혼 없는 노동뿐이다. 사장의 겸손이 구성원의 열정과 주인의식을 빚어낸다. 사장이라면 스스로에게 질문을 던지자. "나는 겸손한 사장인가?" 사장 혼자만의 열 걸음이 아니라 조직 구성원 모두의 열 걸음을 만들어내려면, 반드시 물어야 할 첫 번째 질문이다.

둘째, 심선연(心善淵). 물은 깊고 크다. 그 깊이와 크기를 알 수 없으니 그윽하다. 웅숭깊다. 텅 빈 듯 맑다. 있는 듯 없는 듯 늘 한결같은 물. 그러니 미욱한 자는 물을 업신여긴다. 물은 그 모든 걸 품어 안는다. 세상을 포용한다. 천 리를 내달리는 천리마를 키우려면 너른 들이 있어야 한다. 조직에 천리마 같은 인재가 없다며 직원들 탓할 일이 아니다. 그들이 뛰놀 수 있는 너른 들을, 사장인 내가 제공했는지 살펴야 한다. 두 번째 질문은 그래서 이거다. "나는 포용하는 사장인가?"

셋째, 여선인(與善仁). 물은 모든 걸 적셔준다. 아낌없이 가진 걸 베푼다. 그런데도 대가를 바라지 않는다. 사장의 헌신은 누가 알아주기를 바라서가 아니다. 조직의 목적 달성을 위해서다. 목적이 달성됐다면 그걸로 된 거다. 그런데 자꾸 생색을 내려 한다. 거기서 사달이 난다. 대가를 바라고 한 일이라면 그건 거래다. 거래 관계의 핵심은 주판알 튕기기다. 얼마를 주고 얼마를 받을지 서로 계산하는 조직의 성과는 딱 거기까지다. 열정과 헌신의 실종이다.

더 나은 세상을 만들기 위한, 조직의 목적과 조직의 존재 이유를 위해서라면 그저 해야 한다. 그냥 해야 한다. 그게 사장이다. 그래서 뒤따르는 질문. "나는 내 일의 목적을 아는 사장인가?" 내 일의 목적을, 내 삶의 이유를 알아야 진짜 사장이다.

넷째, 언선신(言善信). 물은 물길대로 흘러간다. 막힌 곳에서는 방향을 튼다. 터진 곳으로 흘러간다. 예측 가능성. 그래서 물은 곧 믿음이고 신뢰다. 사장에게 신뢰는 필수다. 부하를 위해 자기의 목숨을 내어놓을 리더, 그를 위해 부하 역시 목숨을 던진다. 믿음이 없다면 불가능한 일이다.

베트남 전쟁 당시 미국의 많은 지휘관이 부하에게 보복 사살을 당했다. 적이 아니라 부하의 손에 죽은 거다. 신뢰를 잃은 리더의 비극적 결말은 우리에게 반면교사다. 나와 함께 일하는 내 후배들이, 내 팀원들이, 오늘도 나에게 마음속 방아쇠를 당기고 있을지 모른다. 사장의 언어에 신뢰가 담겨야 하는 이유다. "나는 믿음을 주는 사장인가?" 깊이 자문해야 한다.

다섯째, 정선치(正善治). 물은 낮은 곳부터 채운다. 울퉁불퉁 튀어나온 바닥도 물을 부으면 평평해진다. 높고 낮음의 차이를 없애는 거다. 물은 이처럼 공평하여 사사로움이 없다. 모두에게 한결같다. 사장 역시 그래야 한다.

사심 가득한 사장은 자신의 입신과 이익을 위해 상황을 왜곡하고 진실을 은폐한다. 하지만 하늘이 알고, 땅이 알며, 자신이 안다. 잠깐은 속일 수 있어도 언젠가는 드러나게 마련이다. 사장이라면 누구나 공정하고 떳떳하고 반듯해야 하는 이유다. "나는 공명정대한 사장인가?" 스스로 물어야 할, 사장의 다섯 번째 질문이다.

여섯째, 사선능(事善能). 물은 유연하다. 네모난 그릇에 담으면 네모나게 변하고, 둥그런 그릇에 담으면 둥글게 변한다. 자기를 고집하지 않는다. 상황에 유연하게 대처한다. 흘러가다 장애물을 만나도 싸우지 않는다. 슬쩍 비켜 돌아가거나 아래로 스며들 뿐이다. 그렇게 흘러 흘러 결국 바다까지 간다.

연을 날리는 데 있어 중요한 건 연이지, 실이 아니다. 그러나 많은 리더가 목적과 수단을 혼동한다. 수단에 매몰돼 일을 그르친다. 일하면서 물이 유능한 건 그래서다. 수단을 지배해야 한다. 수단에 지배돼서는 안 된다. "나는 유연한 사장인가?" 리더라면 천 번 만 번 곱씹어야 할 중요한 질문이다.

마지막, 동선시(動善時). 물은 때를 잘 알아 맞춤하여 움직인다. 추우면 얼어서 얼음이 되고, 따뜻하면 녹아서 물이 되며, 뜨거우면 기화돼 허공으로 흩어진다. 혁신에 있어 적시(適時), 즉 적절한 시점을 아는 거다. 《손자병법》을 지은 춘추시대의 병법가 손무도 '천시(天時)'라 하여 이를 강조했다. 전쟁의 승리를 위해서는 낮과 밤, 추위와 더위 등에 따른 시간의 제약을 잘 알아야 한다. 무작정 기다리는 것도, 무턱대고 몰아치는 것도 능사가 아니다. 세상만사 저마다의 때가 있는 법이다. 모든 게 톱니바퀴처럼 맞물리는 그 타이밍을 물은 잘 안다.

어제와 전혀 다른 오늘이 펼쳐지는 격변의 시대, 물에서 배워야 할 '환경독해력'이다. "나는 변화에 민감한 사장인가?" 리더가 챙겨야 할 마지막 질문이다.

불은 뜨겁지만, 물은 차갑다. 불은 위로 솟아오르지만, 물은 아래로 흘러내린다. 불이 해라면, 물은 달이다. 불이 공격이라면, 물은 방어다. 불이 구분이라면, 물은 포용이다. 카리스마 넘치는 '불같은 사장'이 한 시대를 풍미했다. 속도와 효율이 중요했던, 관리와 통제의 시절이었다. 그러나 변하지 않는 것은 없다. 자유와 창의가 중요한, 위임과 분산의 세상이다. 정의하여 나누고 구분하던 불의 시대는 저물었다. 포용하여 붙이고 섞어 새로운 가치를 만들어내는 물의 시대다. 불처럼 뜨거운 리더가 아니라, 물처럼 유연한 리더가 세상을 품어 안을 수 있는 이유다.

노자를 통해 읽는, 물이 주는 사장의 역할에 대한 통찰은 그래서 적지 않다. "상선약수 수선리만물이부쟁 처중인지소오 고기어도(上善若水, 水善利萬物而不爭, 處衆人之所惡, 故幾於道)" 최고의 선은 물과 같다. 물은 만물을 이롭게 하지만 다투지 않는다. 물은 사람들이 싫어하는 낮은 곳에 임한다. 그래서 도(道)에 가깝다. 《도덕경》 8장이다. 노자는 이어 말한다. "부유부쟁 고무우(夫唯不爭 故無尤)". 모름지기 다투지 않으니 허물이 없다. 싸워서 이기는 게 아니다. 그래 봐야 하나가 될 수 없다. 품어 안아 '우리'가 돼야 한다. 진정한 하나 되는 길이다. 물에서 배운다. 사장이라면 물처럼! 물처럼 이끌어 갈 일이다.

노자의 한 마디

上善若水, 水善利萬物而不爭, 處衆人之訴惡, 故幾於道
상선약수, 수선리만물이부쟁, 처중인지소오, 고기어도

물은 만물을 이롭게 해주지만 공을 다투지 않는다, 모든 사람이 싫어하는 낮은 곳으로 흐른다. 싸워서 이기는 게 아니라 품어 안아 하나가 돼야 사업을 정상 궤도로 진입시킬 수 있다. 사장이라면 물처럼 사업을 대해야 할 일이다.

'작은 채움'에서 '커다란 비움'으로

천지의 장구함은 비우고 내려놓음으로써

"아, 야구 몰라요" 하던 야구해설가가 있었다. 어디 야구만 모르랴. 우리 삶도 한 치 앞이 보이질 않는다. 하지만 나름의 오묘한 질서로 오늘도 세상은 돌아간다. 무질서 속의 질서. 자연의 섭리다. 삶의 모든 상황에는 상대가 있다. 씨줄이 있으면 날줄이 있고, 왼쪽이 있으면 오른쪽이 있다. 자연도 마찬가지다. 해가 있으니 달이 있고, 불이 있으니 물이 있다. 긴장과 균형이다. 세상만사, 이런 시소의 섭리를 축 삼아 운행된다. 이 축이 무너지면? 사달이 난다.

노자는 이를 이렇게 표현한다. 천장지구 기부자생 고능장생

(天長地久 其不自生 故能長生). 하늘과 땅이 장구한 것은 천지가 스스로 살려고 하지 않아서다. 그래서 유구하다. "살고자 하는 자, 죽을 것이요, 죽고자 하는 자, 살 것"이라는 말과 겹쳐진다. 역설이다. 역설은 자체의 주장을 스스로 거역하는 논설이다. 논리적으로는 설명이 안 된다.

이를테면 변하되 변치 말라는 거다. 변치 말되 변하라는 거다. 비움과 채움도 마찬가지다. 비우지 않으면 채울 수 없다. 얻으려면 버려야 하듯 채우려면 비워야 한다. 그저 채우려고만, 그저 얻으려고만 한다면? 끝내는 파국이다. 스탠퍼드대학교 졸업식 축사에서 "Stay Foolish, Stay Hungry"의 지혜를 역설했던 스티브 잡스도, 이 얘길 한 거다.

《도덕경》 7장. 노자는 이어 얘기한다. 시이성인 후기신이신선 외기신이신존(是以聖人 後基身而身先 外基身而身存). 천지의 장구함을 보았기에 성인은 자신을 뒤로 물린다. 그런데도 남들이 외려 앞으로 밀어준다. 자신을 도외시함에도 남들이 되레 귀히 대접한다. 숨기고 가림으로써 빛나는 리더십이다. 드러내지 않음으로써 드러나는, 역설의 리더십이다.

2016년 5월, 국립생태원 주최 '우리 들꽃 포토에세이 공모전' 시상식. 당시 시상자는 초대 원장이었던 최재천 교수였다. 장려상 수상자로 무대에 오른 사람은 유치원을 갓 졸업한 초등학교 1학년 학생. 최재천 원장은 순간의 망설임도 없이 무릎을 꿇었다. 아이와 눈높이를 맞추기 위함이었다. 그렇게 나를 낮췄더니 사람들이 오히려 나를 높여본다.

'천장지구'에서 얻을 수 있는 사장의 자세에 관한 통찰은 깊고 크다. '겸손'이다. 겸손은 남을 존중하고 나를 낮추는 태도다. 내가 틀렸을 수 있음을, 내 말이 정답이 아닐 수 있음을 포용하는 마음이다. 내 실수와 내 약점을 인정하는 자세다.

하지만 많은 사장이 반대 방향으로 내달린다. '사장인 나는 완벽하다.' 혹은 '완벽해야 한다.'라는 망상에 빠진다. 항상 앞장서려 하며, 늘 통제하려 한다. 예컨대, 회의에서 중요한 건 의견 자체의 가치다. 하지만 내 의견에 동조하냐 아니냐를 먼저 따진다. 내 의견과 같은 의견은 좋은 거고, 내 의견과 다르면 나쁜 거다. '나만 정답이요, 정의요, 진리'라는 오만과 착각이 자신을 가득 채우고 있으니 반대의견은 씨가 마른다. 자기를 비우지 못하고, 자기를 버리지 못하니 혁신은 요원하다. 어제의 나를 끊임없이 확대재생산 하며, 미래와는 정반대로 달려간다. 답습의 늪이다. 회의는 일사천리, 리더의 의견대로 결론을 맺지만, 팔로워의 마음은 닫혀만 간다. 소통의 증발이고, 열정의 실종이다. '영혼 없는 조직'은 그렇게 만들어지고, 그렇게 죽어간다.

겸손해야 경청할 수 있다. 경청은 소통의 마중물이고, 소통은 주인의식을 빚어낸다. 직원들이 의견을 내놓지 않는다고? 말해봐야 입만 아프니 입을 다물 뿐. 의견이 없어서가 아니다.

"마음에 여백이 없어서 인생을 쫓기듯 그렸네."

<미스터 트롯> 정동원 군의 노래 <여백> 중 한 대목이다. 모조리 채운다고 능사가 아니다. '당무유용(當無有用)'이라 했다. '없음'이 곧 '쓸모 있음'이다. 그릇이 그렇다. 가운데 움푹 비어있는 부분이 있어야 그릇으로서 의미가 있는 거다. 그걸 다 채워놓으면 더 이상 그릇이 아니다.

하늘과 땅은 비우고 버려서 지금껏 존재할 수 있었다. 그래서 자유롭고, 그래서 거침이 없다. '작은 채움'에 매몰되지 말고 '커다란 비움'으로 시선의 높이를 올려야 한다. 사장이 바라보는 그 높이가 바로 우리 조직의 수준이다.

노자의 한 마디

시이성인 후기신이신선 외기신이신존(是以聖人 後基身而身先外基身而身存).

하늘과 땅은 장구하다. 그것을 보았기에 성인은 자신을 뒤로 물린다. 그런데도 남들이 외려 앞으로 밀어준다. 사장이라면 사업을 시작하기 전에 비우고 버려야 한다.

리더십을 묻는 노자의 여섯 개 질문

낳았지만 소유하지 않는다

조직이나 단체의 활동을 주도하는 위치에 있는 사람. 리더의 사전적 의미다. 현실에 대입하니 뭔가 부족하다. 조직을 이끌어야 하는 이유(Why), 조직을 이끌기 위한 철학(How), 두 가지가 빠져서다. 리더십의 이유와 철학은 리더십의 핵심이다. 이게 없는 리더들은 그저 지시하고, 명령하고, 통제하기 바쁘다. 권력 중독. 목적과 철학이 없는 리더는 결국 조직이란 배를 산으로 끌고 간다. 있어야 할 곳에 없는, 존재 이유를 잃은 조직에게 예정된 결말은 뻔하다.

"난 리더십이 부족한 사람이다. 그저 누구에게나 진정성 있게 대한다." 베트남 축구 국가대표팀 박항서 감독의 말이다. 리더십은 스킬이나 테크닉으로 이뤄지는 게 아니라는 것을 보여준다. 그런데도 많은 이가 '어떻게 하면 사람들이 내 앞에서 머리를 조아릴까?' 고심한다. 번지수부터 틀렸다. 그건 리더십이 아니다. 유효기간이 지나버린 독재와 기만의 기술이다. 달라진 세상의 리더십은 자기인식이고, 자기반성이며, 자기성찰이다. 남에게로 향한 비판적 시선을 자신에게 돌려야 하는 이유다. 노자는 이를 위한 여섯 개의 유용한 질문을 우리에게 제공한다. 《도덕경》 10장을 통해서다.

첫 질문이다. 재영백포일 능무이호(載營魄抱一 能無離乎)? 정신과 마음을 잘 가다듬어 산란하지 않게 할 수 있는가? 하늘의 북극성을 길잡이 삼아 먼 길을 다녔던 옛사람들처럼 사장에게도 북극성이 필요하다. 사장의 북극성은 조직의 존재 이유다. 우리 브랜드가, 우리 제품이, 우리 서비스가 왜 존재해야 하나? 고객에게 어떤 가치를 제공해줄 수 있나? 경영은 이 질문에서부터 시작된다. 기업의 존재 이유는 이익 극대화가 아니다. 고객 행복이다. 수익은 고객 행복을 빚어내기 위한 수단이지 목적이 아니다. 하지만 수많은 리더가 수익을 위해 고객 행복을 외면한다. 완전한 주객전도다. 수단과 목적이 각자의 자리를 잃으면 남는 건 탐욕이요 혼돈이다. 무엇을 위해 일하는지 리더는 그 목적에 집중하고 몰입해야 한다.

전기치유 능영아호(專氣致柔 能嬰兒乎)? 기를 모아 부드럽게 하여 아이의 마음이 될 수 있는가? 사장이 갖춰야 할 '천진(天眞)'과 '무구(無垢)'에 대한 얘기다. 천진은 자연 그대로의 참된 모습이고, 무구는 때 하나 묻지 않은 모습이다. 요컨대 '진정성'이다. 많은 사장이 '진정성, 진정성' 노래를 부른다. 정작 내 속에 진정성은 없다. 그러니 진정성을 '연기'한다. 카메라가 돌 때만 최선을 다하는 게 연기다. 그런 연기가 예전에는 먹혔다. 지금은 안 먹힌다. 초연결사회라서다. 눈 뜨고 볼 수 없는 사장의 민낯이 백일하에 드러난다. 카메라가 돌든 안 돌든 사장은 한결같아야 한다. 남의 눈을 속이기는 쉽다. 자신에게 진실해야 한다(Be true to myself). 그게 진정성이다. 나는 나에게 얼마나 진실한가? 노자가 건네는 두 번째 질문이다.

척제현람 능무자호(滌除玄覽 能無疵乎)? 마음을 고이 씻어 관조함으로써 허물을 없앨 수 있는가? 세 번째 질문이다. 냉정한 자기인식을 통한 성찰과 반성에 대한 물음이다. '병식(病識)'이라는 말이 있다. 내가 병에 걸려있음을 안다는 뜻이다. 나의 병을 인식하지 못하면 치료는 요원하다. 병이 없다고 생각하니 고칠 게 없다. 그러니 병은 깊어만 간다. "꼰대가 꼰대인 걸 알면 꼰대겠니?" 항간의 우스갯소리는 병식의 중요성을 일깨워준다. 부단히 자신을 돌아보아야 하는 이유다. "너 자신을 알라(know thyself!)." 일갈했던 테스 형(소크라테스)은 그래서 위대하다.

네 번째 질문이다. 애국치민 능무위호 (愛民治國 能無爲乎)? 백성을 사랑하고 나라를 다스림에 있어 '무위(無爲)'할 수 있는가? 무위는 아무것도 안 하는 게 아니다. 머릿속에 뿌리내린 작위적인 생각의 틀을 깨부수는 게 무위다. 외부 규범의 내면화로 만들어진 그 틀은 명분을 앞세운다. 인간의 욕망은 뒷전이다. 그러니 '지금 여기'가 아니라 '저기 멀리'에 집착한다. 땅 위의 움직임과 멀어진 이념과 정책은 화석이 돼간다. 급기야 주체가 돼야 할 백성이 객체가 되고, 이념이 주인 노릇을 한다. 다들 나라를 위한다지만, 도리어 나라가 피폐해지는 이유다. 가장 위대한 스승은 현실이다. 눈앞의 실재다. 지금 내 눈앞에서 벌어지는 낱낱의 현실에 초점을 맞춰야 한다. 내 의도를 세상에 주입하지 않는 것, 현실에 나를 맞춰 세상을 품어 안는 것, 그게 무위다. 사장이라면 기억해야 한다. 민심이 천심임을.

다섯 번째 질문. 천문개합 능위자호 (天門開闔 能爲雌乎)? 하늘의 문을 열고 닫음에 있어 부드러울 수 있는가? 하늘의 문을 여닫는다는 것은 세상의 존폐가 걸려 있는 중차대한 일이다. 감당하기 힘든 왕관의 무게다. 그럴수록 필요한 건 유연함이다. 리더의 확신은 위험하다. 변동성(Volatility)과 불확실성 (Uncertainty), 복잡성(Complexity)과 모호성(Ambiguity)이 지배하는 '뷰카(VUCA) 세상'이라서다. 변화의 크기와 속도가 엄청나서다. 예전과 다른 문제지를 받아 들고 예전과 같은 답을 쓰면 백전백패다. 반드시 그래야만 하는 것은 없다. 그때는 맞고 지금은 틀릴 수 있다. 경청은 그래서 중요하다. 사장의 경청은 소통을 낳는다. 직원들의 주인의식은 덤이다. 나도 틀릴 수 있음을 인정하는 것, 그게 유연함이다. 노자가 묻는다. 너는 유연한가?

마지막 질문이다. 명백사달 능무지호 (明白四達 能無知乎)? 사방으로 두루 밝음에도 겸손할 수 있는가? 능력 없는 사람의 잘못된 결정이 만든 부정적인 결과. 하지만 능력이 없으니 자신의 실수나 오류를 알지 못한다. 아는 만큼만 보이니 자신감만 넘쳐난다. 무식하면 용감하다 했다.

그래서인가, 대가들은 늘 얘기한다. 알면 알수록 더 어렵더라고. 우리 속담에도 같은 의미를 담은 표현이 있다.

"선무당이 사람 잡는다."

그래서 어른들은 익은 벼를 가리키며 항상 고개를 숙이라 가르쳤다. 겸손의 지혜다. 빈 수레가 요란하다. 자기 잘난 맛에 사는 사장도 그렇다. 현실은 비루한 고양이인데 상상 속 내 모습은 늠름한 사자다. 보다 못한 스티브 잡스가, 그래서 한마디 한 거다. “Stay hungry, Stay foolish.”

생지축지 생이불유 위이불시 장이부재 (生之畜之 生而不有 爲而不恃 長而不宰). 낳아 키웠음에도 소유하지 않고, 바라지 않고, 다스리지 않는다. 여섯 개의 질문을 정리하는 노자의 표현으로는 이게 곧 현묘한 덕, ‘현덕(玄德)’의 클래스다. ‘검다’라는 뜻을 가진 ‘현(玄)’자는 칠흑 같은 어둠(黑)을 가리키지 않는다. 여러 색이 함께 모여 만든 어둠이다. 세상을 ‘밀어내는’ 어둠이 아니라 세상을 ‘품어 안는’ 어둠이다. 그러니 현묘하다. 리더십이 그렇다. 이런 다양성과 모호함을 포용해야 사장이다. 노자의 뜻이 여러모로 참 깊다.

노자의 한 마디

명백사달 능무지호 (明白四達 能無知乎)?

사방으로 두루 밝음에도 겸손할 수 있는가?
여러 색이 함께 모여 만든 색이 검정이다. 어둠은 세상을 밀어내는 게 아니라 세상을 품어 안는다. 사장이라면 어둠의 자세로 주변의 모든 의견과 조언을 품어 안을 자세부터 갖춰야 한다.

뿌리 없는 나무는 제대로 자랄 수 없다

시작부터 새겨야 할 귀근(歸根)의 마음

"대개 돈 벌려고 기업을 한다고 생각하잖아요. 운동선수나 예술가들이 단지 돈 때문에 운동하고 예술 하는 건 아니죠. 그게 좋아서 열심히 하다 보니까 잘할 수 있게 돼서 돈을 버는 겁니다. 기업인도 마찬가지입니다. 저는 돈 좇아서 기업을 운영한 적 없습니다. 좋은 기업을 만들려고 노력하다 보니까 돈이 따라왔습니다."

어느 성공한 중견기업 CEO의 말이다.

세상만사 뿌리가 있다. 하늘에서 뚝 떨어지는 일은 없다. 그래서 뿌리는 근본이고 토대이며, 핵심이고 본질이다. 뿌리 없는 나무가 제대로 자랄 수 없는 이유다. 자란다고 해도 쉬이 휘어지고 쉬이 부서진다. 열매는 말할 것도 없다.

노자도 뿌리의 중요성을 강조한다. 《도덕경》 16장에서다. 귀근왈정 정왈복명 복명왈상 지상왈명(歸根曰靜 靜曰復命 復命曰常 知常曰明). 뿌리로 돌아가는 것을 '정(靜)', 고요함이라 한다. 고요함이란 '명(命)'을 회복하는 것이다. '명(命)'을 회복하는 것이 '상(常)'이고, '상(常)'을 아는 것이 '명(明)'이다. 세상에 나올 때 타고 태어난 나의 소명, 즉 나의 존재 이유를 증명하는 것이 세상 돌아가는 섭리인 상(常)이니, 결국 뿌리로 돌아가라(歸根)는 얘기다.

경영혁신에도 뿌리가 있다. 핵심은 뿌리인데 다들 가지에만 집착한다. 집을 새로 고친다고 가정하자. 도배를 새로 하거나 조명을 바꾸는 건 집의 본질적 가치와는 별 상관이 없다. 근원적 가치를 올리는 건 상하수도 공사 혹은 전기 배선 공사다. 이게 뿌리 혁신이다. 그런데 뿌리를 놓친다. 보지를 못 한다. 땅 밑에 있어서다. 그걸 봐야 한다. 그래야 제대로 된 진짜 혁신을 할 수 있다.

새로운 제도를 도입하고, 새로운 인재를 채용한다고 혁신이 만들어지는 건 아니다. 가지 차원의 개선으로는 비즈니스의 본원적 가치를 높일 수 없다. 뿌리부터 혁신해야 한다. 다른 것 없다. 내가 하는 비즈니스의 목적을 찾는 거다. "이 일을 왜 하는 거지?" 이 질문에 대한 답이다. 내가 빚어내는 브랜드와 내가 몸담은 조직의 존재 이유를 찾는 거다. 쉽게 답을 찾을 수 있는 질문은 아니다. 그러니 다들 외면한다. 어차피 뿌리는 눈에 보이지 않으니 그냥 넘어간다. 가지만 그럴듯하면 될 것 같아서다.

"똑같은 기계라도 정성에 따라 달라집니다. 가령 목걸이 제조에 열두 공정을 거쳐야 하면 경쟁사들은 아홉 공정만 하는 식이지요. 생산단가를 낮추는 게 우선이니까. 하지만 저는 세상에서 가장 예쁜 제품을 고객에게 선물하는 게 목표인데 그렇게 할 수 없지요."

이재호 리골드 회장의 말이다. 1985년, 홀로 이탈리아로 건너가 선진 체인 생산기술을 배웠다. 귀국하며 최신 기계설비도 도입했다. 경쟁사 사장들을 초청하여 이탈리아에서 수입한 최신 설비 견학을 시켜줬다. 업계 품질의 상향 평준화를 위해서였다. 하지만 경쟁사들은 차례로 문을 닫았다. 목적의 부재 탓이었다.

"가장 아름다운 제품을 만들어서 내 애인에게 선물한다는 생각으로."

이재호 회장이 얘기하는 일의 목적이다. 초등학교도 나오지 못했지만, 시장 1위 귀금속 생산기업 리골드를 일궈낸 비결은 다름 아닌 뿌리, 즉 일의 목적이었다.

"댄서에 대한 대우는 참 열악했다. '우리가 왜 이런 취급을 받아야 하지?' 후배들에겐 다른 세상을 물려주고 싶었다."

'K팝 안무장인'으로 불리는 야마앤핫칙스 배윤정 대표가 말하는 일의 목적이다. 그가 오늘도 춤을 추고 안무를 짜는 이유는 단지 돈을 벌기 위함이 아니라는 거다. 이런 목적이 있으니 그의 일은 더는 일이 아니다. '배윤정'이라는 브랜드의 존재 이유를 실재화하는, 신나는 도전의 여정이다.

2018년 미국 골든글로브 TV드라마 부문 여우주연상을 수상한 샌드라 오. 아시아인으로서는 최초의 기록이다. 이민 2세대였던 그 역시 얘기한다. 아시안 친구들이 오랫동안 연기를 꿈꿀 수 있는 롤모델이 되겠다고. 그게 내가 더 열심히 연기하는 이유라고.

세계 최고령 미슐랭 3스타 셰프인 스시 장인 오노 지로는 그 정점이다. 죽는 날까지 어제보다 더 나은 스시를 만드는 게 인생의 목표란다. 미각을 유지하기 위해 커피도 마시지 않는 그다. 손을 보호하기 위해 계절에 상관없이 장갑을 끼는 그다. 삶의 불편을 기꺼이 떠안는 이유는 하나다. 어제보다 더 나은 스시를 만들겠다는, 내 일의 목적을 위해서다. 이 정도면 한낱 스시를 만드는 요리사가 아니다. 예술의 경지를 노니는 명인이요 장인이다.

'잡 크래프팅(Job Crafting)'이라는 개념도 그렇다. 잡(job)은 일, 업무다. 크래프트(craft)는 공예다. 내 일에 의미를 더해주는 업무 재창조를 통해 일을 예술의 차원으로 끌어올리는 거다.

마당을 쓸었습니다
지구 한 모퉁이가 깨끗해졌습니다
꽃 한 송이가 피었습니다
지구 한 모퉁이가 아름다워졌습니다

나태주 시인의 시 〈마당을 쓸었습니다〉 중 한 대목이다. 수많은 사람이 지금 이 시각에도 마당을 쓴다. 하지만 왜 쓰는지 이유를 모른다. 목적이 없다. 그저 상사가 쓸라고 하니 억지로 쓰는 거다. 그러니 입이 이만큼 튀어나와 있다. 하지만 이 시의 화자는 다르다.

일의 목적을 안다. 마당을 쓰는, 아주 하찮은 일을 하는 것처럼 보이지만 그는 단지 마당을 쓰는 게 아니다. 지구 한 모퉁이를 깨끗하게 해주는, 높이와 깊이가 다른 일을 하는 거다. 그러니 그는 힘들어도 힘들지 않다. 나의 존재 이유를 세상에 웅변하는 과정이라서다.

목적이 있냐 없냐, 목적을 아느냐 모르냐는 이토록 차이가 크다. 그래서 목적이 뿌리다.

대도심이 이민호경(大道甚夷 而民好徑). 《도덕경》 53장이다. 큰 길은 지극히 평탄하나 사람들은 비탈진 샛길을 자꾸 찾는다. 눈앞의 욕심 때문이다. 내가 현대차를 사는 이유는 현대차 사장 돈 벌게 해주려 함이 아니다. 삼성 TV나 LG 냉장고를 사는 이유도 마찬가지다. 뭔가 내게 가치가 있으니 사는 거다. 나의 고객도 똑같다. 내 이익을 위해 하는 사업에 기꺼이 지갑을 열어줄 고객은 없다. 내 이익을 앞세울수록 고객은 저만치 멀어져 간다.

사장이라면 더 크게, 더 멀리, 더 높이 봐야 한다. 그래야 뿌리가 보인다. 내 일을 통해 세상에 어떤 가치를 더해줄 것인지 고민해야 한다. 좋은 가치를 제공하면 고객은 절로 나를 찾는다. 잘 산다는 건 결국 남을 돕는 경쟁이다.

어떻게 하면 남을 잘 도울 수 있을까 고민해야 한다. 내 가치는 남에게 쓰이는 만큼 높아진다. 나의 제품과 나의 서비스를 경험하며 만족스러운 미소를 지을 고객을 떠올려보라. 그 상상이 행복한 사람만이 사장의 자격이 있다.

"나는 매일 우리 고객사가 어떻게 하면 더 잘 될 수 있을까 고민합니다. 그런데 놀라운 건, 그랬더니 우리 회사가 절로 잘 되더라는 겁니다."

어느 B2B 비즈니스 기업 CEO의 말이다. 어려울 것 없는 퍼즐이다. 이유는 간단하다. 내 일의 목적! 뿌리가 있어서다.

노자의 한 마디

대도심이 이민호경(大道甚夷 而民好徑).

큰길은 지극히 평탄하나 사람들은 비탈진 샛길을 자꾸 찾는다. 눈앞의 욕심 때문이다. 사장이라면 더 크게, 더 멀리, 더 높이 봐야 한다. 그러면 뿌리를 볼 수가 있다. 지금 하는 사업에 어떤 가치를 더 해줄 것인지 고민하자. 뿌리가 튼튼한 사업은 결코 흔들리지 않는다.

사장은 있되 없어야 한다

'시켜서'가 아니라 '스스로' 움직이게

치매를 앓는 어머니가 병원에서 사라졌다는 연락을 받은 초로의 아들. 아들도 못 알아보는 늙은 어머니가 걱정스러운 아들은 급히 엄마를 찾았는데, 태연스레 병원 앞에서 눈을 쓸고 계신다. "뭐 하시는 거에요?" "눈 쓸어요. 눈이 오잖아요. 우리 아들이 다리가 불편해서 학교 가야 하는데, 눈이 오면 미끄러워서."

화면은 아들의 과거를 비춘다. 어릴 적 사고로 다리 한쪽을 크게 다쳐 불편한 다리로 학교를 다녀야 했던 아들. 그런 아들을 강하게 키우려고 아들이 넘어져도 혼자 일어나라며 손을 내어주지 않았던 엄마. 그런 아들이 눈이 펑펑 내리는 날, 학교를 가는데, 이상하다. 비탈길 눈이 다 깨끗하게 치워져 있다. 도대체 누가 매번 이렇게 눈을 치웠지?

그 궁금증이 근 오십 년이 지난 지금에야 풀렸다. 엄마가, 바로 내 엄마가 그 눈을 치웠던 거다. 다리가 불편한 아들이 학교 가면서 비탈길에서 넘어지지 말라고. 꼭두새벽에 일어나 언 손을 호호 불어가며 눈길을 쓸었던 거다. 머리가 허옇게 센 아들의 눈에 그렁그렁 눈물이 맺히다 이내 흘러내린다. 힘겹게 꺼내놓는 아들의 한 마디.

"아들은 몰라요, 그거."

하지만 엄마는 상관없다.

"몰라도 돼요. 우리 아들만 안 미끄러지면 돼요."

추우실 텐데 이제는 그만 쓸라는 아들의 말에 엄마가 또 대답한다.

"아니에요. 눈이 계속 오잖아요."

흐르는 눈물을 주체하지 못하는 아들이 다시 말한다.

"아드님, 한 번도 안 넘어졌대요. 눈 오는데, 한 번도 안 넘어졌대요."

아들을 못 알아보는 늙은 엄마는 그 말에 활짝 웃는다.

"정말요? 아, 다행이네요."

JTBC의 드라마 <눈이 부시게>의 한 장면이다. 엄마 입장에서는 다리가 불편한 아들이 안 넘어졌다면 그걸로 된 거다. '이 엄마가 이렇게 고생한 걸 아들이 알아줬으면' 하는 마음은 눈곱만큼도 없다. 엄마의 마음이란 이런 거다.

사장의 마음도 마찬가지다. 생색내려고 사장의 왕관을 쓴 게 아니다. 누가 알아주건 몰라주건 아무 상관없다. 그저 리더로서의 내 할 일, 묵묵히 하는 거다. 성과가 나면? 좋다. 그걸로 됐다.

노자는 경영자 경지를 이렇게 표현했다. 태상 하지유지, 기차 친이예지, 기차 외지, 기차 모지 (太上 下知有之, 其次 親之譽之, 其次 畏之, 其次 侮之). 《도덕경》 17장이다.

백성이 친하게 여기고 자랑스러워하는(親之譽之) 경영자, 이게 좋은 리더다. 그다음은 백성이 두려워하는(畏之) 경영자, 그다음은 백성이 업신여기는(侮之) 경영자. 여기까지야 어려울 게 없다. 하지만 한참을 생각해도 이해가 안 가는 부분이 첫머리다. 최고의 경지는 백성이 그 존재만 아는(下知有之) 경영자다. 쉽게 이해가 되지 않는다.

다행히 노자는 다음 구절에 그 힌트를 놓아두었다. 공성사수 백성개위 아자연(功成事遂 百姓皆謂 我自然). 공이 이루어지고 일이 마무리되고 나니 백성들이 말한다. '우리는 원래 이랬다'고. 당연하다는 듯 말한다. 사장 입장에서는 기가 찰 일이다. 죽을 둥 살 둥 피땀 어린 노력으로 목표를 달성했더니 자기네들이 잘해서 그런 거란다. 환장할 노릇이다.

하지만 흥분을 가라앉히고 차분히 생각해보자. 사장의 공치사가 중요한 게 아니다. 중요한 건, 사장의 목적이 달성됐다는 거다. 그렇게 보면 사장으로선 억울할 게 없다. 사장의 존재 이유는 조직의 목적을 이루는 것이라서다. '누가 알아주고 안 알아주고'에 연연한다면 그는 이미 사장이 아니다.

'공성사수 백성개위 아자연'이란 문장에는 노자의 이처럼 깊은 통찰이 숨어있다. 내 공을 몰라준다고 백성들 원망하지 말란 얘기다. 그래서 사장의 마음은 짝사랑이다.

마침 여기에 맞춤하는 공자 말씀도 있다.불환인지부기지 환부지인야(不患人之不己知 患不知人也). 남들이 나를 몰라준다고 근심하지 말란다. 내가 남을 몰라볼까 근심하란다. 논어 '학이'편이다.

"야구는 감독의 스포츠"라 역설하던 야구감독이 있었다. '야신'이라는 별명에 빛나던 그는 팀을 맡는 족족 상위권으로 이끌었다. 하지만 말년은 어두웠다. 독단적이고 강압적이었던 그는 팀으로부터 쫓겨나듯 유니폼을 벗어야 했다.

그의 야구는 몰인간적이고 폭압적이고 비민주적이라고 비판받았다. 필드의 선수들을 장기판의 졸로 바라보았던, 왜곡된 시각과 일그러진 고집 탓이었다. 현대 야구의 특징은 '관리야구'에서 '자율야구'로의 변화다.

프로선수는 감독이 차고 앉아 하나부터 열까지 가르쳐야 하는 아마추어 학생이 아니다. 자기와의 힘든 싸움을 승리로 이끌어야 하는 냉철한 승부사다. 그런 그들에게, 철부지 아이 다루듯 '관리'의 프레임을 들이댄 거다. 주체성의 박탈이다. 열정의 거세다.

복잡다단한 세상, 사장이 모든 걸 챙길 수 없다. 사장 혼자 북 치고 장구 쳐봐야 헛일이다. 조직 구성원들의 자발적인 헌신이 뒤따르지 않으면 목표 달성은 물 건너간다.

'시켜서'가 아니라 '스스로' 움직이게 해야 한다. 그들의 자존감을 높여주어야 하는 이유다. 권한 위임은 그래서 중요하다. 믿고 맡기는 거다. 하인은 시켜야 움직이지만, 주인은 알아서 움직인다. 자발적으로 일한다. 선제적으로 일한다. 주인 된 직원들이 조직의 값진 성과를 빚어내니 그들의 자존감은 하늘을 찌른다.

이게 '아자연(我自然)'의 참뜻이다. 하지만 착각해서는 안 된다. 눈에 안 보인다고 없는 게 아니다. 보이지 않지만 커다랗게 존재하는 거다. 그게 진짜 사장이다.

사장의 존재감과 조직의 성과는 비례하지 않는다. 거듭 강조하지만, 핵심은 사장 존재감의 크기가 아니라 조직 목적의 달성

여부다.

다시 '하지유지'로 돌아간다. 이제야 노자의 깊은 뜻이 보인다. 있는데 있음을 잘 모른다? 그저 있다는 것만 안다? 그래, 물이었구나!

우리의 모든 걸 아우르기에 이것 없이는 존재 자체가 불가능하다. 그런데도 우리의 일상이기에 그 중요성을 잊고 사는 거다. 이를테면 물이 그렇고, 공기가 그렇다. 물과 공기 없이는 우리는 살 수 없다. 하지만 평소에 물과 공기의 존재감을 의식하며 살지는 않는다. 유비쿼터스(Ubiquitous), 언제나 어디에나 존재해서다.

태평성대에는 임금이 누군지도 모른다. 그저 임금이 있다는 것만 안다. 먹고 사는 데 아무 어려움이 없으니 날마다 실컷 먹고 부른 배를 두드리는 함포고복(含哺鼓腹)의 삶이다. 최고의 사장이란, 이런 거다.

내 일상에 들어와 내 일과 삶을 떠받치는 사장. 그 존재는 익히 알지만, 그 존재감을 기억하기는 힘든 사장. 반드시 있어야 하지만 그 있음을 뽐내지 않는 사장.

그래서 어디에나 존재하되 어디에도 없는 사장. 노자가 말하는 최고의 리더, '하지유지'의 사장이다. 훌륭한 사장이 되고 싶다면? 있되 없을 일이다.

노자의 한 마디

공성사수 백성개위 아자연(功成事遂 百姓皆謂 我自然).

공이 이루어지고 일이 마무리되고 나니 백성들이 말한다. '우리는 원래 이랬다'고. 당연하다는 듯 말한다. 사장 입장에서는 기가 찰 일이다. 그러나 사장으로선 억울할 게 없다. 생각해보자. 사장의 공치사가 중요한 게 아니다. 중요한 건, 사장의 목적이 달성됐다는 것이다.

목적이 있는 일은 포기하지 않는다

"당신은 내게 최고의 스파링 상대였소"

소크라테스가 제자들에게 말했다. "오늘은 가장 간단하면서도 가장 어려운 일을 배우도록 하겠다. 모두 팔을 최대한 앞으로 뻗었다가 다시 뒤로 뻗어 보아라. 오늘부터 이 동작을 매일 열 번씩 반복하라. 이것을 자신과의 약속이라 생각하라. 할 수 있겠느냐?" 제자들은 그렇게 간단한 일을 누가 못하겠냐고 반문했다. 1년이 지났다. 소크라테스가 제자들에게 물었다. "1년 전, 내가 얘기했던 걸 지금도 실천하는 이가 있느냐?" 딱 한 사람만 번쩍, 손을 들었다. 소크라테스는 말했다. "그대라면 세상을 바꿀 수도 있겠구나." 훗날 대(大)철학자가 된 플라톤이었다.

사실인지 아닌지는 분명치 않은 이야기다. 하지만 끈기와 인내가 중요하다는 메시지만큼은 명징하다. 성공한 사람들의 특징 중 하나? 끝까지 한다는 점이다. 플라톤은 끝까지 했고, 다른 이들은 중간에 포기했다. 과제가 어려워서가 아니다. 간단하고 쉬운 과제를 꾸준히 하는 게 힘들어서다. 그러니 방점은 '한다'가 아니라 '끝까지'에 찍힌다. 끝까지 하는 게 포인트다. 우리는 그걸 '꾸준한 열정'이라 부른다.

부모 눈에 아이는 늘 부족하고 모자라기 일쑤다. 뭐가 됐든 꾸준히 좀 하면 좋을 텐데, 왜 저럴까 싶다. 그래서 내 아이에게도 항상 얘기한다. "중요한 건 과정이야. 그러니 제대로 한번 물고 늘어져 봐. 그래야 후회가 없지." 어느 날 문득, 아내가 이야기한다. "당신은 학교 다닐 때 꾸준한 학생이었어요? 아니었잖아요. '잘하는' 건 운 좋게 재능을 타고나면 오히려 쉬워요. 그런데 '꾸준히 하는' 건 진짜 힘들어요. 당신도 그렇게 못해 놓고 왜 애들한테는 그걸 바라요?"

망치로 머리를 세게 맞은 기분. 그랬다. 잘하는 건 오히려 쉬운 일이었다. '잘했으니 게으름 좀 피워도 됐지'가 아니었다. 꾸준히 하기 힘들었던 거다. 그래서 회피하고 도망쳤던 거다. 그런데도 알량한 재주 좀 타고났다고 그나마 곧잘 했던 거다. 정작 힘들고 어려운 건 '꾸준히 하는' 거였다.

표풍부종조 취우부종일 숙위차자 천지(飄風不終朝 驟雨不終日 孰為此者 天地). 회오리치듯 부는 질풍은 아침 한나절을 불지 못하고, 별안간 쏟아지는 폭우도 온종일 내리지 않는다. 이 모든 게 하늘과 땅, 자연의 섭리다. 천지상불능구 이황어인호(天地尚不能久 而況於人乎). 천지자연도 이처럼 오래 가기 힘들 거늘, 하물며 사람의 일이야 일러 무엇 하겠는가. 《도덕경》 23장이다.

"누구나 때로는 열정에 휩싸인다. 그 열정이 누군가에게는 30분간 지속되고, 또 다른 누군가에게는 30일간 지속된다. 결국 성공하는 사람은 30년간 열정을 이어가는 사람이다."

버틀러 브라더스 백화점을 설립한 미국 사업가 에드워드 버틀러의 말이다. 잠깐이야 누구든 할 수 있다. 문제는 꾸준함이다. 참아내는 인내다. 버텨내는 끈기다. 한결같은 열정이다. 하지만 노자마저 이렇게 '지속(持續)'의 어려움을 이야기하니 나 같은 평범한 사람은 앞이 캄캄하다. 그래서 찾아낸 게 있다. '목적(目的)'이다. 어떤 일을 지속하려면 동력이 있어야 한다. 일의 목적이 그 동력으로 작동한다.

금연 11년 차. 성공의 이면에는 수십 차례의 실패가 있었다. 실패한 원인? 돌이켜 보면, 금연의 이유를 몰랐다. 그저 주변에서 끊으라니 끊어볼까 하는 정도? 어영부영 불혹의 나이가 됐다. 그제야 정신이 번쩍 들었다. 마흔 인생을 살았으니 삶의 반환점을 돈 거로 생각했다. 남아있는 인생 후반전은 어떻게 살 것인가, 깊이 고민했다. 의미와 재미로 가득한 삶을 살겠다 작정했다. 그러다 보니 우선은 건강해야겠다는 데에 생각이 미쳤다. 그날부로 담배를 끊었다. 뿌리 깊은 목적이 있으니 지속성이 확보된다. 그래서 가능했던 금연이다.

두 마리의 말이 있었다. 한 마리는 혜초스님을 태우고 머나먼 인도를 다녀왔다. 고대 인도의 다섯 국가를 돌아보고 썼던 여행기 《왕오천축국전》이 그렇게 세상 빛을 보았다. 또 다른 말 하나는 매일매일 방아를 돌렸다. 주인이 돌리라 하니 목적도 없이 그저 돌렸던 시간. 두 말 모두 걸은 거리는 별 차이 없었다. 하지만 목적이 있었던 말과 그렇지 않은 말의 삶은 너무나 달랐다. 목적이 없는 일에 열정이 생길 리 없다. 내 일의 목적을 알아야 한다. 그 목적이 끈기의 버팀목이 돼준다. 끈기의 필수요소? 그래서 목적이다. 목적이 뿌리다.

동어도자 도역락득지 동어덕자 덕역락득지(同於道者 道亦樂得之 同於德者 德亦樂得之). 도(道)와 같아지면 도 역시 기꺼이 그를 받아들이고, 덕(德)에 동화되면 덕 역시 흔쾌히 그를 받아들인다. 도와 덕을 따르면 순리대로 돼질 거란 노자의 얘기다. 이 대목에서의 도와 덕이 경영이란 관점에서는 목적이 될 수 있겠다. 목적이 있는 일, 목적을 아는 일은 포기하기 쉽지 않다. 어떻게든 어려움을 이겨낸다. 목적이 곧 나의 사명이 되기 때문이다. 무얼 하던 이유를 알아야 하는 건 그래서다. 이유가 없는 일에, 이유를 모르는 일에 열정을 쏟을 사람은 없다. 경영도 마찬가지다. 이 일을 왜 하는지 알아야 한다. 그걸 모르면 경영이란 그저 돈 버는 일로 전락한다. 돈은 내 일의 목적이 잘 수행됐을 때 따라오는, 선물 같은 결과다. 내 일의 목적을 실재화(實在化)하는 도전의 과정이 경영이다. 도와 덕을 따르듯 목적을 따르면 경영 역시 순리대로 된다.

세상을 호령하던 세계 챔피언의 스파링 상대였던 무명의 권투선수. 스파링 상대는 쉬운 일이 아니다. 자신을 불쏘시개 삼아 챔피언의 훈련에 봉사하는 일이라서다. 하지만 그는 참아냈다. 오랜 시간 챔피언의 연습 상대가 돼주던 무명선수는 부지불식 간에 챔피언의 자세와 기술, 전술들을 터득했다. 힘겨운 시간을 보내던 무명선수는 마침내 프로에 데뷔했고, 눈부신 선전을 이어나갔다. 그러다 맞붙은 챔피언과의 시합. 결과는 무명선수의 KO승이었다. 링 바닥에 쓰러진 챔피언에게 그가 말한다.

"당신은 내게 최고의 스파링 상대였소."

일의 목적이 명확하니 힘든 스파링의 과정이 마냥 힘들지만은 않다. 상대를 위한 스파링이 아니라 나를 위한 스파링이었기 때문이다. 일의 목적이 잉태한 끈기와 인내, 그리고 열정이다.

"가장 신경 쓰인 경쟁사요? 공격적인 마케팅을 펼치거나, 저가 공세를 펼치는 회사들이 아니었어요. 무리한 경쟁은 지속할 수 없잖아요. 얼마 못 가 포기할 걸 알았거든요. 진짜 신경 쓰인 회사는 A 사였는데 무리하지 않고 꾸준한 시도를 하더라고요. 자금도 많지 않으니 할 수 있는 범위 안에서 작은 도전들을 계속하더군요. 포기도 않고요. 가설이 맞으면 그런 꾸준한 시도가 시장을 크게 뒤집는 일이 생기거든요. 신경이 많이 쓰였어요. '앞뒤 재지 말고 제발 좀 확 덤벼라' 속으로 바랐지만 그러지 않더라고요."

어느 CEO의 말이다.

분명한 가설과 목표를 가지고 일관되게 꾸준한 시도를 하는 사람이 진짜 무서운 사람이다. A 사의 리더도 《도덕경》을 읽었나 보다. 표풍(飄風)이 몰아치고 취우(驟雨)가 쏟아지는 '반짝 경영'이 아니라 자신의 목적에 맞춤하는 꾸준한 시도를 지속하고 있으니 말이다. '목적'을 지향하는 '꾸준함'이 유효기간 30년의 열정을 빚어낸다. 이게 언젠가 일낸다.

노자의 한 마디

표풍부종조 취우부종일 숙위차자 천지(飄風不終朝 驟雨不終日 孰為此者 天地).

회오리치듯 부는 질풍은 아침 한나절을 불지 못하고, 별안간 쏟아지는 폭우도 온종일 내리지 않는다. 누구나 때로는 열정에 휩싸인다. 그 열정이 누군가에게는 30분간 지속되고, 또 다른 누군가에게는 30일간 지속된다. 결국 성공하는 사람은 30년간 열정을 이어가는 사람이다.

유능한 김 대리가
문제직원으로 전락한 이유

경험의 감옥에서 탈출하라

그러니까, 그날 아침이 문제였다. 김 대리가 지각을 했던 그 날 말이다. 평소 주어진 업무는 곧잘 처리하는 친구였다. 물론 살다 보면 지각을 할 수도 있다. 특별한 사정이 있었을 거다. 하지만 기분 탓이었을까. 표정에 미안함이 보이지 않았다. 외려 당당한 느낌이었다. 다소 황당한 마음이었지만 일단은 그냥 넘어가기로 했다.

아니나 다를까, 이번에는 업무에서 사달이 났다. 거래처로부터 걸려온 전화. 담당자인 김 대리가 고압적인 태도를 보였단다. 거래처의 오해일까? 그래도 할 수 없다. 부서장으로서 강조했던 이슈였다. 삐죽이 튀어나온 입을 보니 김 대리는 본인의 잘못을 인정하지 않는 눈치다. 그렇지 않아도 최근 업무 태도 또한 불성실해 보였다.

김 대리를 불러 두 번이나 면담했다. 그런데 웬걸, 김 대리는 부서장인 내 기대와는 달리 점점 더 삐뚤어졌다. 지각 횟수도 늘어났고, 회의시간에는 내 의견에 노골적으로 반발했다. 업무에 대한 열정도 식은 지 오래였다. 아무리 봐도 작년의 호실적은 우연이거나 요행이었다.

우연이나 요행은 반복되지 않는 법. 매처럼 정확한 나의 눈을 피해갈 수는 없다. 올해의 김 대리 평가점수? 저 정도라면 C도 아깝다. 특단의 조치가 필요하다. 이 부장은 지그시 아랫입술을 깨물었다.

작년 우수사원 표창까지 받았던 김 대리에 대한 이 부장의 평가는 싸늘하기 짝이 없다. 급전직하다.

인시아드의 장 프랑수아 만조니 교수는 '필패신드롬(set-up-to-fail syndrome)'으로 김 대리의 추락을 설명한다.

사장의 시각에 따라 유능한 직원도 순식간에 무능한 직원으로 추락할 수 있다는 거다. 사장의 의심이 멀쩡한 직원을 문제 직원으로 만든다는 거다. 확증편향 탓이다. 보고 싶은 대로 보고, 보고 싶은 것만 보는 인간의 인지적 편향 말이다.

직원의 문제 행동을 바로잡기 위한 리더의 개입은 상사의 감시와 통제를 강화한다. 자신의 능력을 의심받는다 생각한 직원은 주체성을 잃어버린다. 영혼 없는 직원의 반응은 리더의 기대로부터 더욱 멀어진다.

직원이 문제라는 사장의 판단은 확신으로 바뀌고, 직원은 결국 악순환의 굴레에서 헤어나오지 못한다. 억울해도 할 수 없다. 한번 찍히면 끝인 거다. 가해자 혹은 피해자의 관점에서 많은 이들이 겪었을, 익숙한 광경일 터다.

"답은 정해져 있으니 너는 대답만 하면 돼."

시장의 '답정너' 사고방식은 애꿎은 김 대리만 코너로 몬다. 열정 넘치던 인재 김 대리가 문제직원으로 추락한 이유다. 명장 밑에 약졸 없듯 문제 직원 뒤에는 문제 사장이 있다.

'아시인구(我矢人鉤)'라는 말이 있다. 나는 화살처럼 곧은데, 남은 갈고리같이 굽었다는 뜻이다. 나는 맞고 너는 틀렸다는 '아시타비(我是他非)'요, 내가 하면 로맨스고 네가 하면 불륜이라는 '내로남불'이다.

나를 중심으로 한 지극히 주관적인 '맞고 틀림'의 기준. 알량하기 짝이 없는 그 잣대로 상대를 평가하고 세상을 재단한다. 노자는 이를 '유위(有爲)'라 했다. '무위(無爲)'를 강조한 건 그래서다.

천하신기 불가위야 위자패지 집자실지(天下神器 不可爲也 爲者敗之 執者失之). 천하는 신령스러워 의도적으로 뭔가를 하려 해도 내 뜻대로 되지 않는다. 억지로 해보려 하다가는 오히려 실패하게 되고, 억지로 잡으려 하다가는 오히려 놓치게 된다.

《도덕경》 29장에 나오는 문장이다.

'유위'의 한계다. 세상만사 억지로 해서 될 일이 없다. 이치에 맞지 않는 논리를 우격다짐으로 끌어오니 여기저기 삐걱대며 균열이 생길 수밖에.

마음속 틀(Frame) 때문이다. 아집으로 지어 올린 경험의 감옥이다. 과거의 부산물로 채워 만든 지식의 감옥이다. 무위는 이 감옥을 깨부수는 거다. 여기서 탈출하는 거다. 비우라는 얘기다. 놓으라는 얘기다. 버리라는 얘기다. 확증편향에서 시작된 조직 내 필패신드롬을 극복하는 길이다.

'애자일경영'이 대세다. '애자일(Agile)'은 민첩하다는 말이다. 짧은 주기의 다양한 실행을 통해 변화에 기민하게 대응하는 게 애자일경영의 골자다. 고객의 요구를 반영하며 끊임없이 새로운 프로토타입을 만드는 거다.

핵심은 어제의 정답에 집착하지 않는 거다. 상식이라고 생각했던 기존의 경영 문법에 물음표를 던져야 한다. 어제와 단절하고 새로운 오늘에 접속해야 한다. 과거의 지식과 경험으로부터 탈출하라는 노자의 '무위'와 21세기의 화두 '혁신'은 이렇게 연결된다.

'Latte is horse(나 때는 말이야)'를 전가의 보도처럼 휘두르며 과거라는 고루한 성에 갇혀있는 꼰대적 사고방식은 경영의 걸림돌이다.

내일을 알 수 없는 역량 파괴적 환경변화의 시대. '내가 해봐서 아는데'라는 얘기는 성공의 발목을 잡는 저주다. 내가 틀릴 수 있음을 알아야 한다. 그게 사장이다.

"저는 두 가지 경우일 때 타격자세를 바꿨어요. 실패했을 때와 최고일 때였습니다. 안주하고 싶지 않았고, 최고였을 때 더 최고가 되고 싶었습니다."

한국 프로야구의 전설 이승엽 선수의 말이다. '어제의 나'를 버려야 '오늘의 나'로 다시 태어날 수 있다. '셀프 업데이트(Self Update)'를 위한 자기와의 단절이다.

버려야 할 자기는 아집으로 똘똘 뭉친 자기다. 자기 확신에 가득 찬 자기다. 아집과 확신은 딱딱하다. 유연할 수 없다. 유연해야 생명이다. 혁신의 출발점은 유연함이다.

프로크루스테스는 그리스 신화에 나오는 도적이다. 길 가는 나그네를 극진히 대접하여 유혹한다. 누구에게나 맞는 침대가 있다며 손님을 눕힌다. 침대보다 크면 다리를 잘라 죽였다. 침대보다 작으면 몸을 늘려 죽였다.

'프로크루스테스의 침대'는 '답정너'의 은유다. 프로크루스테스는 그리스 신화의 영웅 테세우스에게 같은 방식으로 죽임을 당한다. 내 기준만 고집했던 꼰대의 말로다.

변동성과 불확실성, 복잡성과 모호성이 가득한 세상이다. 리더의 역할이 실험이어야 하는 이유다. 실패하더라도 감수할 수 있을 만한 작은 실험들. 해보고 되면? 한발 더 나아가는 거다. 해보고 안 되면? 물러서서 방향을 돌리는 거다.

시시각각 과녁은 움직인다. 옛날처럼 조준하고 발사하면 안 맞는다. 발사하고 조준해야 한다. 그러면서 끊임없이 영점을 맞추는 거다. 한 방에 시장을 놀라게 할 완벽한 제품은 없다. 아주 작은 실험들의 연속이 성공으로 이어진다. 애자일경영이란 그런 거다.

변화의 속도가 느리던 시절에는 과거의 방식이 유효했다. 지금은 아니다. 오전의 정답도 오후엔 오답이 된다. 경쟁력이었던 경험은, 그래서 이젠 감옥이고 족쇄다.

'나'라는 족쇄를 끊고, '나'라는 감옥에서 탈출하는 것, 그게 무위다. 이천 년 전 노자가 얘기했던 무위는, 그래서 창의요 혁신이다. 확신만큼 위험한 게 없다. 비우고 버려야 진실이 보인다. 사장이라고? 나부터 내려놓을 일이다.

노자의 한 마디

천하신기 불가위야 위자패지 집자실지(天下神器 不可爲也 爲者敗之 執者失之).

천하는 신령스러워 의도적으로 뭔가를 하려 해도 내 뜻대로 되지 않는다. 억지로 해보려 하다가는 오히려 실패하게 되고, 억지로 잡으려 하다가는 오히려 놓치게 된다. '내가 해봐서 아는데'라는 생각은 성공의 발목을 잡는다. 내가 틀릴 수 있음을 알아야 한다. 그게 사장이다.

홀로 서 있어도 두려움 없는 이, 그가 진짜 사장이다

비즈니스 혁신은 무리 속에 있지 않다

스마트폰 하나로 세상과 소통하는 '스마트 시대'다. 새로운 기사와 새로운 소식은 띵동 띵동 소리를 내며 끊임없이 스마트폰을 울린다. 뭘 먹고 있든, 뭘 듣고 있든, 뭘 하고 있든 상관없다. 홀린 듯 스마트폰을 열어 알람을 확인한다. 그래야 직성이 풀린다. 아니, 정확하게 말하자면, 그러지 않으면 불안하다. 세상은 쉴 새 없이 돌아가는데 나만 뒤처지는 건 아닐까 불안한 거다. 포모(FOMO) 증후군이다. 포모(FOMO)는 'Fear of Missing Out'의 약자다. 혼자만 잊히는 것, 즉 소외에 대한 두려움이다.

인간은 사회적 동물이다. 혼자서는 살 수 없다. 선사시대부터 그랬다. 혼자 다니다가 맹수와 마주쳤다? 그건 곧 죽음이다. 갑작스러운 사고도 마찬가지다. 문명의 이기랄 게 없던 그 시절, 무리에 속해 있다는 건 생존을 위한 필수요건이었다. 우리의 DNA에 '함께'라는 명령어가 질게 프로그래밍된 이유다. 어떻게든 무리에 끼어야 한다. 살아남아야 해서다.

그때 각인된 '소속'의 본능이 작금의 스마트 시대까지도 이어진다. 혼자서는 모든 게 두렵다. 함께여야 마음이 놓인다. 남들과 떨어져서는 안 되니 늘 남들의 일거수일투족에 관심을 둔다. 그들이 가면 나도 간다. 그들이 서면 나도 선다. 그렇게 나는 우리가 된다.

트위터에서, 인스타그램에서, 페이스북에서, 무언가가 유행이란다. 사람들이 맛있다는 건 나도 먹어 봐야 한다. 사람들이 근사하다는 곳은 나도 가봐야 한다. 사람들이 좋다는 건 나도 해봐야 마음이 놓인다.

남들이 다 하는데 나만 안 하면? 그들의 대화에 낄 수 없다. 나만 뒤떨어진 느낌, 그게 불안하다. 낙오는 곧 나락이다. 이게 포모다. '고립 공포감'이다. 끊임없이 스마트폰을 들여다보며 다른 이들의 삶을 엿보는 건 그래서다. 따라 하기 위해서다. 아니, 따라 살기 위해서다.

포모를 사회병리 현상의 하나로 바라보는 논문들도 많이 나왔다. 아닌 게 아니라 문제이긴 하다. 내 삶을 살면서 내가 없는 삶을 살려 한다. 내 삶의 주인은 나다. 나로 살아야 주인인데 자꾸 남으로 살려 한다. 내 몸을 가지고 남의 생각을 살아주는 셈이니, 문제가 아닐 수 없다.

'나다움'과 관련해서도 노자는 깊은 가르침을 준다. 《도덕경》 47장이다.

불출호지천하 불규유견천도(不出戶知天下 不闚牖見天道). 문밖으로 나가지 않아도 세상 돌아가는 것을 안다. 창문 밖을 내다보지 않아도 자연의 이치를 안다. 기출미원 기지미소(其出彌遠 其知彌少). 멀리 나가면 나갈수록 아는 것은 점점 줄어든다.

겨울 가면 봄이 오는 건 자연의 이치다. 이를 아는 이는 밖을 나가보지 않아도 얼음이 녹으면 새순이 돋는다는 걸 안다. 자연 존재와 운행의 원리인 도를 깨우치면 세상만사, 그 움직임이 명확하게 보이는 법. 여기저기 변죽만 울려봐야 힘만 든다. 핵심을 꿰뚫어야 한다.

《도덕경》은 다양한 비유와 상징으로 가득하다. 그래서일까, 이 장은 독립의 텍스트로도 읽힌다. 남이 아니라 나에게 집중하라는 얘기다. 시류에 따르지 말고 시류를 만들라는 얘기다. 홀로 서라는 얘기이며, 나부끼지 말라는 얘기다. 나로 산다는 것은 무리에서 떨어져 나옴을 의미한다.

일탈이다. 일탈은 주류와는 다른, 나만의 생각을 연료로 삼는다. 생각 부재의 삶을 사는 이는 그래서, 주류의 흐름에 그저 묻어간다.

주류를 구성하는 하나의 숫자로만 살아간다. 왜 그런지 궁금해해야 한다. 왜 그런지 물어야 한다. 호기심과 질문이 생각의 씨앗이다. 그 씨앗이 새로운 판을 만든다. 그걸 사업을 막 시작했을 때 더더욱 그런 씨앗을 품고 있어야 한다. 그것을 우리는 혁신 혹은 혁명이라 부른다.

사업을 시작할 때, 성공을 꿈꾸지 않은 자는 없다. 많은 사장이 세상을 바꾸고자 마음먹는다. 혁신가다.

혁신가는 세상의 다른 측면을 본다. 이편을 넘어 저편을 본다. 입체적인 시각이다. 관점이 바뀌면 보이는 게 달라진다. 위에서 내려다보는 모습과 아래에서 올려다보는 모습이 같을 리 없다.

"나이프, 포크 회사와 디자인 회의를 한다고 치자. 그들은 끊임없이 나이프와 포크에 관해 얘기하려 한다. 그런 얘기를 잠깐만 멈추고 먹는 행위 혹은 식문화에 대해 생각해보면 어떨까?"

세계적인 산업 디자이너 카림 라시드의 말이다. 그의 시선은 다른 이와 다르다. 가지가 아니라 뿌리에 천착하는 그의 관점은 새롭다. 날카롭다. 세계가 그에게 열광하는 이유다. 기존 관점을 깨부수고 나와 거친 광야에 홀로 섰기 때문이다.

그렇다면 경영도 다를 것 없다 싶다. '경영' 하면 다들 끊임없이 매출과 수익에 관해서만 얘기하려 한다. 그런 얘기를 잠깐만 멈추고 경영의 본질, 경영의 목적에 대해 생각해보면 어떨까?

'마케팅' 하면 다들 끊임없이 고객을 유혹하기 위한 이론과 방법에 관해서만 얘기하려 한다. 그런 얘기를 잠깐만 멈추고 고객의 고통과 고민에 대해 생각해보면 어떨까?

'리더십' 하면 다들 끊임없이 직원을 수족처럼 부리는 기술과 방법에 관해서만 얘기하려 한다. 그런 얘기를 잠깐만 멈추고 직원의 성장과 사장의 성찰에 대해 생각해보면 어떨까?

카림 라시드가 빚어낸 디자인 혁신처럼 경영의 혁신도 그렇게 만들어진다.

나답게 산다는 건 결국 내 생각을 기반으로 산다는 얘기다. 무리로서 따르던 기존 생각과의 단절. 그래서 이제 '포모(FOMO)'가 아니라 '조모(JOMO)'를 이야기한다. 조모란 'Joy Of Missing Out'의 앞글자만 따서 만든 단어다.

조모족(族)은 외부와의 연결고리를 끊어내고 혼자만의 심연으로 내려간다. 남들을 살피던 시선을 자신에게로 돌린다. 소셜 미디어를 끊고, 이런저런 외부 모임을 끊는다. 자신을 찾기 위한 혼자만의 여행을 떠나기도 한다. 무작정 무리를 따라가다 절벽에서 떨어지는 어리석은 레밍에게서 내 모습을 발견한 거다.

모방을 위한 헛된 시선이 성찰을 위한 참된 시선으로 바뀌는 순간이다. 조모는 그래서, 소외와 고립의 즐거움을 가리킨다. 혁신가로서 누리는 기쁨인 거다.

사업의 혁신은 무리 속에 있지 않다. 혁신은 세상을 바라보는 독창적인 시각에 있다. 혁신가는 그래서, 자발적인 아웃사이더다. 스스로 선택한 소외와 단절. 그 효용을 노자는 이렇게 얘기한다.

성인불행이지 불견이명 불위이성(聖人不行而知 不見而名 不爲而成). 성인은 가보지 않고도 안다. 보지 않고도 훤히 안다. 하지 않고도 이룬다.

우리는 나의 확장이 아니다. 나의 확장은 홀로 선 나로부터 시작된다. 주위를 두리번거릴 게 아니다. 자신을 살펴야 한다. 답은 내 안에 있다.

세계적인 안무가 리아 킴이 그랬다.

"기획사에선 완벽하게 다듬고 포장한 하나의 상품을 원해요. 멤버는 그 상품 안에서 주어진 캐릭터를 완벽하게 연기하는 거고. 그래서 외국 가수들은 중간에 아무 안무가 없어도 자유롭게 즐기고 실수해도 개의치 않은데 한국 아이돌은 어쩔 줄 몰라 해요. 그 짬을 메울 창의성이 없으니."

수많은 아이돌 그룹의 안무를 짜고 가르쳤던 그다. 그의 말을 통해 '나로 홀로 서지 못함'의 한계를 본다. 내가 추는 춤의 주인이 되지 못하니 앵무새처럼 흉내만 내는 거다. 외부에서 누군가가 입력한 명령어대로만 움직이니 로봇과 다를 바 없다.

시험 잘 보는 학생을 우등생이라 칭찬해왔던 우리 사회다. 지금은 아니다. 기존 지식을 잘 외워 좋은 점수 받는 게 더 경쟁력일 수 없는 세상이다. 답습의 스킬이 아니라 독립의 용기가 필요하다. 홀로 서야 한다. '나'로 서야 한다. 단절과 고립을 무릅쓴 도전이다. 그러고 보니, 맞다, 소크라테스도 얘기했다.

"하나가 되기 위해 나 자신과 일치하지 않는 것보다는 전 세계와 일치하지 않는 것이 훨씬 더 낫다."

홀로 서 있어도 두려움이 없는 이, 그가 진짜 혁신을 꿈꾸는 사장이다.

노자의 한 마디

성인불행이지 불견이명 불위이성(聖人不行而知 不見而名 不爲而成).

성인은 가보지 않고도 안다. 보지 않고도 훤히 안다. 하지 않고도 이룬다. 우리는 나의 확장이 아니다. 나의 확장은 홀로 선 나로부터 시작된다. 주위를 두리번거릴 게 아니다. 자신을 살펴야 한다. 답은 내 안에 있다.

PART 2

지혜

행복한 성장을 꿈꾸는 사장에게

전쟁에서 이기기 위한 두 가지 조건

직원 스스로 움직이는 조직이 승리한다

도지존 덕지귀 부막지명이상자연(道之尊 德之貴 夫莫之命而常自然). 도는 높고 덕은 귀하다. 하지만 만물에 간섭하거나 군림하지 않는다. 만물이 절로 변화하고 이루어지도록 한다. 절로 그러하게 놓아둔다.

《도덕경》 51장이다. '스스로 그러함'. 세상은 그렇게 존재하고 그렇게 운행된다. 자연의 이런 섭리는 인간사에도 똑같이 적용된다.

경영에 있어 리더십은 하늘만큼 중요하다. 하지만 리더십은 간섭하거나 군림하는 게 아니다. 리더십은 스스로 변화하고 스스로 이루어지도록 만드는 것이다. 위 문장 '도'와 '덕'의 자리에 이처럼 '리더십'을 넣어도 전혀 무리가 없다. 《도덕경》을 제왕의 텍스트로 톺아 읽는 이유다.

통제의 시대는 갔다. 자율의 세상이다. 명령과 수행에는 시차가 난다. 시켜서 하면 늦다. 알아서 해야 한다. 비행기가 소용돌이 난기류에 휘말린 일촉즉발의 상황. "어떻게 해야 할까요?" 관제탑의 지시만 기다려선 안 된다. 스스로 안정된 고도를 찾아 빨리 이동해야 한다. 상부의 지시 없이는 한 발자국도 움직이지 못하는 윈도 속 인형들. 통제의 리더십이 빚어낸 슬픈 풍경이다. 까라면 까야 하니 뭣 하나 맘대로 할 수가 없다. 복지안동. 땅바닥에 바짝 엎드려 눈동자를 굴리며 눈치만 살핀다.

관건은 자율경영이다. 직원들이 스스로 움직여야 한다. 자애로운 노자는 어김없이 구체적인 가이드를 제시한다. 첫 번째다. 새기태 폐기문 종신불근(塞其兌 閉其門 終身不勤). 세상을 왜곡하는 불완전한 감각기관의 문을 닫아걸어라. 죽을 때까지 근심 걱정으로 수고로울 일이 없을 것이다. 개기태 제기사 종신불구(開其兌 濟其事 終身不救). 주관적인 나의 감각을 진실로 믿고 일을 벌이지 말라. 죽을 때까지 구원받을 수 없을 것이다.

눈, 코, 입 등 인간의 감각기관은 불완전하기 짝이 없다. 착시

현상이 대표적이다. 사물이나 현상을 있는 그대로 보지 못한다. 같은 길이의 선을 다르게 보기도 하고, 같은 색깔의 면을 다른 색으로 인식하기도 한다. 눈을 가리고 코를 막으면 사과와 양파도 구분하지 못하는 게 우리 인간의 비루한 감각이다. 그걸 진실이라 믿고 결론을 내리니 오산이고, 오판이다. "내 눈으로 보았으니 틀림없어." 천만의 말씀이다.

지혜로운 사장은 자신을 믿지 않는다. 끊임없이 회의한다. 간단없이 의심한다.

"시 한 편을 퇴고하는 데도 오랜 시간이 걸렸다. 이미 완성했고 문학 잡지에 발표했는데, 막상 시집으로 묶어 내려니 고민하게 되는 시들이 있다. 그 시를 사흘 밤낮으로 들여다보다 한 글자 고친다. 조사 하나 바꾼 거다. 그러고 나서 한 사흘간 또 그 시를 들여다보다 조사를 원래대로 돌려놓는다. 그리고 끝낸다. 결과적으로 바뀐 건 하나도 없는데, 사실상 바뀐 거다. 작품에 대한 자신의 신뢰가."

박준 시인의 말이다. 태산 같은 신중함이다. 스스로에 대한 부단한 회의와 의심이 작품의 완성도를 하늘 위로 끌고 간다. 이게 실력이다. 이게 내공이다.

직원과의 관계도 마찬가지다. 나의 답만 고집해선 안 된다. 나 역시 틀릴 수 있음을 알아야 한다. 그런데도 내 생각만 강요한다? 폭력이다. 주먹으로 때려야만 폭력이 아니다. 어떤 사람 혹은 사건의 진실에 최대한 섬세해지려는 노력을 포기하는 데서 만족을 얻는 모든 태도. '슬픔을 공부하는 슬픔'이란 책에서 신형철 교수는 폭력을 이렇게 정의한다. 상대를 인정하지 않고 내 식대로 상황을 정의하고 꼬리표를 붙여버리는 행위 역시 폭력인 거다. 스스로에 대한 바보 같은 확신이 직원들에 대한 심리적 폭력으로 이어진다.

현장은 회의실이나 사무실에서 보는 모습과는 다르다. 자동차 운전석에 사각(死角)이 있듯 사장의 눈에도 사각은 존재한다. 어제의 상식과 오늘의 표준이 마구 뒤섞여 갈피를 잡기 힘든 요즘, 사각은 더욱 커진다. 현장의 판단은 현장에 맡겨야 한다. 권한위임이다. 직원을 인정하고 존중하고 신뢰해야 가능한 일이다. 나를 비우고 나를 버려야 가능한 일이다. 지자불언 언자부지(知者不言 言者不知). 아는 이는 말하지 않고, 말하는 이는 알지 못한다. 입을 닫아 말을 줄이고 귀를 열어 많이 들을 일이다.

자율경영을 위한 노자의 두 번째 가이드는? 사아개연유지행어대도(使我介然有知 行於大道). 나에게 작으나마 지혜가 있다면 큰길을 따라 걸을 것이다. 대도심이 이민호경(大道甚夷 而民好徑). 큰길은 매우 평탄하다. 하지만 사람들은 비탈진 샛길을 더 좋아한다. 큰길은 곧게 뻗어 있다. 굴곡이 없다. 그런데도 사람들은 샛길을 찾는다. 걸어야 할 올바른 길이 아니라 깨진 바가지 물 새듯 여기저기 그릇된 길로 새나간다.

경영을 하는 사장에게 대도(大道), 즉 큰 길이란? 사업의 비전과 미션이다. 현존하는 세상의 문제를 해결할 수 있는 지혜롭고 가치 있는 솔루션을 찾아내어 제시하는 것. 기업의 존재이유다. 비즈니스의 목적이다. 우리는 무엇이 돼(Vision), 무엇을 할 것(Mission)인가? 우리 일의 목적을 알아야 한다는 얘기다. 그 목적을 따라야 한다는 얘기다.

자율이란 '규율이 없음'이 아니다. 무질서나 방종이 아니다. 음악가가 자유로운 영혼을 담아 아름다운 음악을 연주할 수 있는 건 음과 음표라는 음악적 약속을 철저하게 지켜서다. 미술가가 창의적인 관점으로 아름다운 그림을 그릴 수 있는 건 선과 색이라는 미술적 약속을 철저하게 지켜서다. 음악을 음악이게 하고, 미술을 미술이게 하는 최소한의 약속. 그걸 지키니 그 안에서 무한대의 상상력이 춤을 춘다. 즉흥연주를 하는 재즈연주자들이 합을 맞춰보는 사전 리허설 없이도 아름다운 하모니를 빚어낼 수 있는 건 그래서다.

일의 목적을 공유하는 것은 자율경영을 위한 최소한의 약속이다. 어깨 걸고 함께 나아가야 할 우리 비즈니스의 방향이 거기에 담겨서다. 방향만 맞는다면 나머지는 개인의 몫이다. 세부적인 방법까지 일일이 지정해주면 더 낫지 않냐고? 만만의 콩떡이다. “아이에게 선택권을 주지 않으면, 아이의 자아가 사라진다. 스스로 생각하고 판단하는 힘이 없어진다. 그게 과연 사랑일까?” 김형석 교수의 물음이다. 직원에게 선택권을 주지 않으면, 직원의 영혼은 사라진다. 스스로 생각하고 판단하는 힘이 없어진다. 그게 과연 사장의 일일까?

‘사람들을 행복하게 만들자.’ 디즈니의 비즈니스 목적이다. ‘전 세계 정보를 체계화하여 모두가 편리하게 이용할 수 있도록 하겠다.’ 구글의 목적이다. ‘더 열린 세상을 만들자, 더 연결된 세상을 만들자.’ 페이스북의 목적이다. 미국의 스타트업 기업 비욘드미트는 식물성 대체육을 생산한다. 식품 재료로 맛있는 소시지와 고기를 만들어 미래 단백질을 창조하는 게 그들의 목적이다. 동물 고기에서 식물 고기로 바꾸면 인간의 건강과 기후 변화, 천연자원 절약과 동물 복지를 모두 해결할 수 있다는 생각. 더 나은 세상을 만들기 위한 비욘드미트의 비즈니스 철학이자 방향이다.

큰길, 즉 방향이 정해졌으니 조직은 이제 방향이라는 약속을 공유하는 하나의 플랫폼이 된다. 무엇을 들고 갈지, 무엇을 타고 갈지의 판단은 직원 몫이다. 누군가는 지시하고, 누군가는 따르는 위계 조직이 아니다. 함께 고민하고, 함께 실행하는 네트워크 조직이다. 개인의 탐욕 때문에 샛길로 빠질 위험도 없다.

같은 방향을 바라보는 우리가 모두 플랫폼의 주인이라서다. 자율경영의 완성이다.

중국 춘추시대 최고의 명장이자 군사전략의 태두로 일컬어지는 손무도 이야기했다. 승리에는 두 가지 조건이 있다고. 전쟁에 뛰어난 유능한 장수(將能)와 군사 지휘를 간섭하지 않는 현명한 임금(君不御)이 그것이다. 전쟁 승리의 요건이나 조직 성장의 비결이나 다를 바 없다. 자연(自然), 스스로 그러하게 할 일이다.

노자의 한 마디

개기태 제기사 종신불구(開其兌 濟其事 終身不救).

주관적인 나의 감각을 진실로 믿고 일을 벌이지 말라. 죽을 때까지 구원받을 수 없을 것이다. 지혜로운 사장은 자신을 믿지 않는다. 끊임없이 회의한다. 간단없이 의심한다. 의심하고 또 의심하면 완성도 높은 사업을 펼칠 수 있다. 그런 사업은 흔들리지 않는다.

노자가 말하는 환경독해력

해 나오면 소금 팔고, 비 내리면 우산 팔고

'벼락 맞은 대추나무'라는 카페가 있었다. 대추나무가 벼락을 맞으면 어떤 모습일까, 늘 궁금했다. 그 궁금증은 아직 풀리지 않았다. 하지만 벼락 맞은 대추나무의 심정은 알 수 있을 것 같다. 벼락처럼 세상에 불어닥친 변화 덕분(?)이다. 멀쩡하던 직업이 사라지고, 잘 나가던 기업이 죽을 쑨다. 아날로그로 이루어지던 모든 것들이 디지털로 바뀌는 혁명적 변화 때문이다. 설상가상, 전대미문의 바이러스까지 덮쳤다. 호모 마스쿠스(Homo Maskus)의 등장. 마스크 없는 일상은 상상할 수 없는 요즘이다. 살얼음판이 따로 없다. 위기다!

어떤 일이 그 진행 과정에서 급작스럽게 악화된 상황, 또는 파국을 맞을 만큼 위험한 고비. 사전은 위기를 이렇게 정의한다. 하지만 행간을 읽어야 한다. 이면을 돌아볼 필요가 있다. 위기는 '위험(危險)'과 '기회(機會)'가 합쳐진 말이다. 위기 자체가 나쁜 게 아니라는 얘기다. 위기는 가치중립적이다. 주어진 위기를 도약의 기회로 만들지, 위험의 수렁으로 만들지는 각자의 몫인 셈이다.

소금 장수에게 비는 재앙이지만, 우산 장수에게 비는 축복이다. 비는 그저 비일 뿐이다. 좋은 비, 나쁜 비가 따로 있는 게 아니다.

"세상에 나쁜 날씨는 없다. 맞지 않는 복장이 있을 뿐이다. 날씨는 계속 변한다."

스코틀랜드 속담이다. 날씨 탓할 것 없다. 날씨에 맞춤하는 옷을 입으면 될 일이다. 해 나오면 소금 팔고, 비 내리면 우산 파는 거다.

노자도 그랬다. 만물부음이포양(萬物負陰而抱陽). 세상 만물은 음(陰)의 기운을 등에 진 채 양(陽)의 기운을 가슴에 품고 있다고. 무 자르듯 쉬이 구분되지 않는 삶의 역설이다. 음과 양이 한 덩어리이듯 기회와 위험의 뿌리 역시 다르지 않다.

위기를 빚어내는 무심한 변화. 중요한 건 방향이다. 나에게 우호적인 변화인지, 나에게 적대적인 변화인지 감별해야 한다. 그에 맞는 적절한 대응을 위해서다.《도덕경》58장이다.

화혜복지소의 복혜화지소복(禍兮福之所倚 福兮禍之所伏). 행복은 재앙 속에 기대어 있다. 재앙은 행복 안에 숨어 있다. 정복위기 선복위요(正復爲奇 善復爲妖). 바른 것이 기괴하게 변하고, 선한 것이 요사하게 변한다. 숙지기극 기무정(孰知其極 其無正). 정해진 것은 아무것도 없으니 그 끝을 누가 알 것인가?

그래서 중요한 게 '환경독해력'이다. 사장은 변화와 함께 변화의 방향을 읽어내야 한다. 내가 가진 역량을 무력화시킬 변화라면 머뭇거릴 시간이 없다. 선제적으로 대응해야 한다.

'환경독해력'과 함께 위기 대처에 필수적인 요소가 있다. '회복탄력성'이다. 살다 보면 누구나 넘어질 수 있다. 누구는 툭툭 털고 일어난다. 누구는 주저앉아 일어나질 못한다. 넘어진 건 잘못이 아니다. 잘못은, 다시 일어서지 않는 거다. 다시 일어나야 한다. 여기, 몇 개의 사례를 가지고 왔다. 위기를 기회로 바꾼 탄력적 회복의 사례다.

미국 필라델피아의 스타벅스 매장. 누군가를 기다리며 주문 없이 앉아있던 흑인 두 명을 매장 직원이 경찰에 신고했다. 수갑까지 채워져 연행됐던 이들. 무혐의로 풀려나긴 했지만, 논란은 커졌다. 당시의 현장 상황을 담은 영상은 소셜미디어에서 엄청난 조회수를 기록했고, 사건은 인종차별 논란으로 비화했다. 시민들의 시위. 이어진 스타벅스 불매운동. '반(反)흑인커피'라는 낙인까지 따라붙었다. 창사 이래 최대의 위기였다. 스타벅스의 대응은 빨랐다.

케빈 존슨 CEO가 직접 당사자를 만나 사과했다. 방송에도 출연해 거듭 머리를 숙였다. 재발 방지책 마련을 약속했다. 지역사회 리더들과 대책 협의도 이어갔다. 압권은 영업 중단이었다. 8천 개 매장의 문을 닫아걸고 18만 명 직원들을 대상으로 인종차별 예방 교육을 한 거다.

엄청난 매출과 수익을 포기한, 진정성을 담은 특단의 조치로 스타벅스는 위기를 기회로 바꾸었다. 고객이 스타벅스의 비즈니스 철학과 진정성을 알게 한 것이다.

일본을 중심으로 한 디지털 저가 시계의 무차별 공세로 위기에 직면한 스위스 시계 산업. '스위스 시계'라는 의미를 담은 이름의 스와치그룹은 특유의 역발상으로 위기를 기회로 바꾸었다. 시계를 시간과 장소, 상황에 맞춰 착용하는 패션 소품으로 새롭게 포지셔닝했다.

부담 없는 가격으로 살 수 있게 했다. 고가 시장도 포기하지 않았다. '3단 케이크' 전략을 통해 저가에서 고가, 최고가에 이르기까지 막강한 브랜드 라인업을 완성했다. 지금의 스와치그

롭은? 21개의 시계 브랜드를 거느린 세계 최대의 시계 기업이다. 기회로 귀결된 위기였다.

실패가 병가의 상사이듯 위기는 경영의 상수이다. 위기 때마다 뒤로 나자빠질 수는 없는 노릇이다. '피벗(pivot)'을 이야기하는 이유다.

피벗은 한 발을 축으로 하여 회전하는 걸 일컫는 단어다. 농구 등의 구기 종목에서 주로 쓰던 이 말이 지금은 경영 현장에서 더 많이 들린다. 이름하여 '비즈니스 피벗'. 기업의 비즈니스 모델이 제대로 작동하지 않을 때 그 방향을 틀어 새로운 변화를 꾀함을 가리킨다. 막다른 골목에 몰린 기업이 새로운 돌파구를 찾는, 생존을 위한 혁신의 몸짓. 이게 피벗이다.

대표적인 사례? 유튜브다. 초기 유튜브는 온라인 데이트 사이트였다. 자신의 프로필을 비디오로 찍어 올리는 소개팅 사이트였다. 하지만 현실은 생각대로 움직이지 않았다. 방향을 바꾸었다. 동영상 공유 사이트로의 피벗이었다.

'당신'을 가리키는 '유(you)'와 '텔레비전'을 가리키는 '튜브(tube)'가 합쳐진 단어 '유튜브'는 그렇게 '우리 모두의 텔레비전'이 됐다.

"처음 떠올린 아이디어가 내 생각엔 최고의 서비스라고 생각돼도 포기할 때가 오면 주저 없이 그만둬야 한다. 더 좋은 아이디어는 얼마든지 있다."

피벗의 효용을 강조한 유튜브 창업자 스티브 첸의 말이다.

엄청난 성장세를 보이며 황금기를 구가하고 있는 넷플릭스 역시 시작은 지금과 다른 모습이었다. 처음에는 DVD를 우편으로 빌려주었다. 구독료를 받고 연체료를 없앴다. 파격적이었던 이 모델을 경쟁사들은 금세 따라 했다. 위기를 맞은 넷플릭스는 전혀 다른 차원의 피벗을 시도한다. 인터넷 스트리밍 서비스였다. 구매한 콘텐츠를 스트리밍 방식으로 제공하던 넷플릭스는 가입자가 급증하자 자체 콘텐츠도 제작하기 시작했다. 한 해 콘텐츠 제작비만 170억 달러를 넘어섰다 하니 이젠 단순한 스트리밍 회사도 아닌 셈이다. 변화가 상수이다 보니 혁신을 위한 넷플릭스의 피벗은 오늘도 현재진행형이다.

인스타그램도 있다. 인스타그램은 위치기반 서비스로 시작을 했다. GPS 기능을 통해 자신의 위치를 찍고 사진을 공유하면 포인트를 얻는 방식의 애플리케이션이었다. 이용자들의 사용 행태를 보니 위치 서비스는 뒷전이었다. 인스타그램은 서비스의 무게중심을 '위치'에서 '사진'으로 옮겼다. 이후 10억 달러에 인스타그램을 인수했던 페이스북의 한 수는 신의 그것이었다.

결론이다. 거듭 역설했다. 위기 자체는 문제가 아니다. 위기를 기회로 못 살리는 게 문제다. 제대로 대처하지 못해 위기를 위험으로 만드는 게 문제다. 윈스턴 처칠은 "낙관주의자는 위기 속에서 기회를 보고, 비관주의자는 기회 속에서 위기를 본다."라고 했다. 어렵게 생각할 것 없다. '변화(change)' 속에 '기회(chance)'가 있다. 'g'를 'c'로 바꾸면 될 일이다. 그 기회의 주인공이 지금 이 글을 읽는 당신이었으면 좋겠다.

노자의 한 마디

화혜복지소의 복혜화지소복(禍兮福之所倚 福兮禍之所伏)

행복은 재앙 속에 기대어 있다. 재앙은 행복 안에 숨어 있다. 위기는 기회고 기회는 위기다. 사장은 그러한 변화를 읽을 줄 알아야 한다. 위기 자체는 문제가 아니다. 위기를 기회로 못 살리는 게 문제다. 제대로 대처하지 못해 위기를 위험으로 만드는 게 문제다.

나의 비즈니스가 세상에 존재해야 하는 이유

저 멀리 '껍데기'가 아니라 지금 여기 '알맹이'에 집중하라

평상복 차림으로 민정 시찰을 종종 다녔던 조선조 어느 임금. 하루는 허름한 초가 움막집 앞을 지나는데, 새어 나오는 웃음소리가 끊이질 않는다. 궁금한 마음에 물 한 사발 청하며 동정을 살폈다. 어려운 살림이지만, 늙은 부모와 어린 자식들의 표정이 밝고 맑다.

"웃음이 그치질 않던데 무슨 좋은 일이라도 있소?"

"형편은 이래도 빚도 갚고 저축도 하며 살 수 있으니 절로 웃음이 납니다."

혹여 숨겨둔 재물이 있나 조사를 했건만 허탕. 궁금증이 풀리지 않은 왕이 다시 그 집을 찾아가 재차 물었다.

"나를 키워주신 부모님을 공양하는 것이 빚을 갚는 것이고, 내가 늙어 의지할 아이들에게 효의 모범을 보여주니 이게 저축이지요. 그러니 절로 웃음이 날 수밖에요."

집주인의 대답이었다.

행복은 재물과 권세에 비례하지 않는다. 동서를 막론한 고금의 진리다. 노자 역시 일찍이 이를 설파했다. 《도덕경》 12장에서다.

"오색영인목맹 오음영인이롱 오미영인구상(五色令人目盲 五音令人耳聾 五味令人口爽)."

화려한 색깔이 사람의 눈을 멀게 하고, 화려한 음악이 사람의 귀를 멀게 하며, 화려한 음식이 사람의 입을 상하게 한다. 화려한 색깔과 소리와 음식은 말초적 쾌락이다. 실체가 아닌 허상이다.

노자의 고언은 이어진다.

"치빙전렵영인심발광 난득지화영인행방(馳騁畋獵令人心發狂 難得之貨令人行妨)."

말 달려 사냥하는 쾌락이 사람을 미치게 하고, 얻기 힘든 재물이 사람의 행동을 망친다. 헛된 욕망에 대한 경계다.

"시이성인위복불위목(是以聖人爲腹不爲目)."

고로 성인은 '눈'이 아닌 '배'를 따른다. '눈'으로 보는 모든 것이 진실은 아니다. 착시는 그 방증이다. 인간의 감각이란 그만큼 불완전하다. 반면, '배'는 실질이고 뿌리다. 뿌리가 튼튼하면 흔들림이 없다. 나로서 온전히 설 수 있다.

《도덕경》 12장의 메시지는 넓고, 깊고, 크다. 단순히 금욕하라는 교훈에서 멈추지 않는다.

사장이라면 읽어내야 할 숨어 있는 지혜와 통찰이 있다. 그 압축적인 표현이 마지막 문장 '거피취차(去彼取此)'다. '저것'(허상)을 버리고 '이것'(실재)을 취하라는 노자의 일갈이다. '저것'은 멀고 '이것'은 가깝다. '저것'은 부박한 욕망이자 허상이다. 실체 없는 개념이자 겉가지다. '이것'이 본질이고 실재이고 뿌리이고 핵심이다.

요컨대, 저기 멀리 있는 '껍데기'가 아니라 지금 여기 내 눈앞의 '알맹이'에 집중하라는 얘기다.

사장 입장에서 초점을 맞춰야 할 '알맹이'는 크게 두 개다. 먼저, '내 삶의 주인, 나'다. 내 삶의 목적지를 모르는 사람들이 많다. 그러니 그냥 간다. 그저 간다. '이게 뜬다' 하면 이리 가고, '저게 뜬다' 하면 저리 간다. 남들 가는 대로 간다. 남들이 가라는 대로 간다. 내 생각이 없으니 남의 눈치만 살핀다. 남들이 정해놓은 기준에 나를 맞추며 사는 거다. 돈은 얼마나 많은가? 지위는 얼마나 높은가? 권력은 얼마나 강한가? 내가 없는 삶을 사는 사람들의 성공 기준이다. 성공하기도 힘들뿐더러 성공해 본들 내 것도 아니다. 나로부터 비롯된 기준이 아니라서다. 외부의 기준이 내면화되면 내 삶에서 나는 사라진다. 허깨비로 사는 삶이다.

내 방향은 내가 결정해야 한다. 그게 내 삶의 주인으로 사는 거다. 주인 된 삶은 방향이 뚜렷하다. 성공의 기준 또한 명확하다.

성공은 '맞고 틀림'의 정오 개념이 아니다. '낫고 못함'의 우열 개념도 아니다. 내 삶의 목적이 완성되고 내 존재 이유가 증명되면 그게 성공이다.

그러니 사장이라면 생각해야 한다. 단지 권력을 누리고 재물을 취하려 사장이 된 것인가? 나의 진짜 목적지는 어디인가? 세상을 위해, 조직을 위해 어떤 가치를 만들어낼 것인가? 그 가치를 만들어내기 위해 어떤 노력을 할 것인가? 이 질문들에 대한 대답이 사장으로서의 나의 방향이다.

사장의 방향은 곧 조직의 방향이 된다. 나아갈 방향을 아는 조직과 그렇지 못한 조직은 시쳇말로 '클라스가 다르다'.

"좋은 메이크업은 무조건 유행을 따라가는 것이 아닙니다. 좋은 메이크업의 시작은 '관찰'이에요. 우선 나부터 자세히 관찰해보면 어떨까요."

유명 메이크업 아티스트 정샘물 원장의 말이다. 정원장의 '자기관찰론'은 비단 메이크업에만 적용되는 게 아니다. 리더의 자기인식과 방향 설정에도 유용하다. 저마다 고유의 색과 선, 그리고 결이 있다. 그걸 살려내야 한다. 유혹에 흔들리지 않는 리더의 길? 나로 사는 거다.

그렇지 않아도 어지러울 정도로 팽팽 돌아가는 디지털 세상이다. 어제가 다르고, 오늘이 다르다. 지도보다 나침반이 중요한 이유다. 어디로 갈 것인가? 나의 북극성을 찾아야 한다. 내가 세상에 존재해야 하는 이유를 온몸으로 증명해내는 것. 그게 내 삶의 북극성이다. 그게 내 삶의 '알맹이'다. 진북을 향해 뚜벅뚜벅 나아갈 때 '껍데기'의 유혹은 힘을 잃는다. 그런 나의 여정에 기꺼이 동참하는 사람들. 그들이 내 일과 삶의 고객이 되고, 동료가 된다.

사장이 취해야 할 두 번째 '알맹이'는 '지금 여기, 실재(實在)'다. 무쌍한 변화가 눈앞에서 펼쳐진다. 변화에 마주한 사람들은 '지식'을 꺼내 든다. '이론'을 뒤적인다. '경험'을 들먹인다. 지식과 이론과 경험은 오늘의 실재들이 쌓여 만들어진, 과거의 산물이다. 과거의 잣대로 현재를 바라보니 아귀가 안 맞는다. 개념의 감옥에 갇힌 책상물림의 한계다. 생존이란, 변화에 대한 응전이다. 변화는 미래를 향해 내달리는데 대응은 과거에 머물러 있다면, 이건 생존일 수 없다. 결과는 봉변이다.

새로운 걸 얻으려면 가진 걸 버려야 한다. 과거를 버려야 미래를 얻을 수 있다. 이론을 버려야 실질을 취할 수 있다. 격변의 시대, 지식은 외려 저주다. 경험은 외려 족쇄다. 하루가 멀다고 없던 길이 생겨나고, 있던 길이 사라져서다. 우리가 내비게이션을 업데이트하는 이유다. 리더의 혁신도 마찬가지다. 문명의 표준이 바뀌고 있다. 허공을 떠다니던 두 발로 단단히 땅을 밟고 서야 한다. 손에 잡히는 생존에서 살아남기는 오늘의 변화를 인정하고 포용하는 데서 시작된다.

"암입니다." 의사가 말했다. 딱 10년 전 일이다. 대장암 3기라 했다. 당시만 해도 생존율이 50%였다. 용케 알고 몇몇 지인들이 병문안을 왔다. 죽음의 문턱에 선 이에게 내일은 보장되지 않는다. 퇴원해서 이들을 다시 볼 수 있을까? '지금 여기'에 집중했다. 시간의 밀도가 높아졌다.

내일은 항상 오늘의 모습으로 다가온다. 오늘 없이 내일은 없다. 그러니 내일이 아니라 오늘을 살아야 한다. 눈앞의 실재에 몰입할 일이다.

'내 삶의 주인 돼 나의 방향을 설정하라', '지금 여기, 눈앞의 실재를 껴안아라'.

《도덕경》 12장에서 찾아 읽는, 노자의 가르침이다. 덕분에, 희미했던 길이 또렷하게 제 모습을 드러낸다. 힘내어 다시, 혁신이다!

노자의 한 마디

"오색영인목맹 오음영인이롱 오미영인구상(五色令人目盲 五音令人耳聾 五味令人口爽)."

화려한 색깔이 사람의 눈을 멀게 하고, 화려한 음악이 사람의 귀를 멀게 하며, 화려한 음식이 사람의 입을 상하게 한다. 화려한 색깔과 소리와 음식은 말초적 쾌락이다. 실체가 아닌 허상이다. 단지 권력을 누리고 재물을 취하려 사장이 된 것인가? 나의 진짜 목적지는 어디인가? 세상을 위해, 조직을 위해 어떤 가치를 만들어낼 것인가? 이 질문들에 대한 대답이 사장으로서의 나의 방향이다.

조직에 '좀비 직원'들이 창궐하는 이유

신뢰 : 믿어라 그리고 맡겨라

"고객을 감동시키기 위해서라면 무슨 일이든 할 수 있고, 또 해도 됩니다. 누구의 허가를 받을 필요도 없습니다. 고객과 한평생 이어갈 연결고리를 만든다는 사명에 부합한다면, 설령 규칙을 어겨도 괜찮습니다."

미국 온라인 신발 쇼핑몰 자포스(Zappos)의 직원 간담회에서 나왔던 얘기다.

자포스는 온라인에서 신발을 파는 회사다. 2000년 매출이 160만 달러였는데, 10년 만에 10억 달러를 돌파했다. 2009년, 아마존이 자포스를 인수하며 지불한 비용은 무려 12억 달러. 하지만 2015년 매출이 20억 달러를 넘어섰으니 아마존으로서도 훌륭한 투자였다.

자포스의 화려한 비상은 '압도적인 고객감동'에 힘입은 바 크다. 신발이 아니라 행복을 판다는 '딜리버링 해피니스(Delivering happiness)'의 철학이 날개였다. 하지만 또 다른 날개가 있었다.

직원의 자유! '고객행복'이라는 가치를 위해서라면 무엇이든 할 수 있다는 것. 누구의 허가를 받을 필요도 없다는 것. 심지어는 규칙을 어겨도 좋다는 것. 해야 할 일과 해선 안 될 일을 미주알고주알 나열해놓은 여타 기업들에 비하면 자포스는 자유, 그 자체였다.

신부족언 유불신언(信不足焉 有不信焉). 믿음이 부족하니 불신의 연기가 모락모락 피어오른다. 직원을 아이로 여겨서다. 아이는 미숙하다. 때론 무책임하다. 그러니 아이를 보는 어른의 마음은 늘 조마조마하다. 불안하기 짝이 없다. 이럴 땐 이렇게 해라, 저럴 땐 저렇게 해라, 자꾸 입을 댈 수밖에.

엄격한 근태 규정이 없으면 늦게 출근할 것 같다. 일찍 집에 가버릴 것 같다. 휴가 규정이 없으면 아무 때나 휴가를 쓰며 일은 제대로 안 할 것 같다. 출장 여비 규정이 없으면 출장 가서 쓸데없이 돈만 펑펑 써버릴 것 같다. 일일이 다 챙기기도 힘든 촘

촘한 규칙과 규정이 끝없이 생겨나는 이유다.

실제 모 기업의 사례를 살펴보니 출장 규칙만 32페이지에 이른다. 직급별로 교통비와 숙박비, 식비 등의 금액이 빈틈없이 정해져 있다.

하지만 궁금하다. 이렇게 기계적으로 상황을 설정하여 금액을 정해놓는 게 과연 최선일까? 매번 가는 출장도 성격이 다 다르다. 조직의 흥망성쇠를 좌우할 수 있는 중요한 출장이 있는가 하면, 주기적으로 반복되는 일상적인 출장도 있다. 시급을 다투는 긴급한 출장이 있는가 하면, 그렇지 않은 출장도 있다. 전자라면, 비싸더라도 빠른 교통편과 좋은 호텔을 이용하는 게 회사를 위해 나은 선택이다. 후자라면 보다 경제적인 숙소와 교통편을 선택하는 게 합리적이다.

문제는 판단의 주체다. 이런 판단을 누가 할 것인가? 직원 스스로가 하는 게 최선이다. 하지만 직원을 믿지 못한다. 그러니 규정만 들이댄다.

물론 그렇지 않은 기업도 있다. 넷플릭스가 대표적이다. 넷플릭스는 그 판단을 직원에게 맡긴다. 통제의 제거다. 권한의 위임이다. 직원을 아이로 낮춰 보지 않기에 가능한 일이다. 직원을 어른으로 대우하기에 가능한 일이다.

"넷플릭스에 가장 이득이 되게 행동하라."

'규정 없음'이란 규정(No rules rules)을 운영하는 넷플릭스의 유일한 규정이다. 어른이라면 이 정도의 선언적 원칙만으로도 충분히 현명한 판단을 내릴 것이라는 믿음이 깔려 있다. 넷플릭스는, 그래서 '통제(Control)'하지 않는다. '맥락(Context)'으로 리드한다. 규정이 아니라 사람을 믿는 거다.

역시 노자다. 까마득한 그 옛날, 《도덕경》에 이미 이런 내용을 담았다. 육친불화 유효자 국가혼란 유충신(六親不和 有孝慈 國家昏亂 有忠臣). 가족이 화목하지 못하니 효성과 자애를 따지고, 나라가 혼란스러우니 충신이 생겨난다. 역설이다. 가족이 서로 사랑하고 존중하면 효(孝)와 자(慈)를 말할 이유가 없다. 나라가 문제없이 잘 돌아가면 충신도 필요 없다. 그게 안 되니 자효(慈孝)를 강조하고, 그게 안 되니 충의(忠義)를 역설한다. 조직도 똑같다. 직원을 믿으면 규정이 필요 없다. 불신이 가득하니 강제와 금기의 조항은 오늘도 늘어만 간다.

《도덕경》 51장이다. 도지존 덕지귀 부막지명이상자연(道之尊德之貴 夫莫之命而常自然). 도는 높고 덕은 귀하다. 간섭하지 않아서다. 절로 되도록 가만 놓아두어서다.

노자가 말하는 도와 덕은 세상 만물의 존재 형식이자 원리다. 통제하고 간섭하지 않으니 외려 그 무엇보다 우선한다. 생이불유 위이불시 장이불재 시위현덕(生而不有 爲而不恃 長而不宰 是

謂玄德). 낳았으나 소유하지 않고, 하였지만 자랑하지 않으며, 길렀으나 나서지 않으니 이게 곧 깊고 큰 덕(德)이다. 낳고, 하고, 길렀지만 나를 내세우고 고집하지 않으니 이것이 바로 '진짜 리더'의 모습이다.

노자가 역설하는 '무위(無爲)의 리더십'은 《도덕경》 57장에서도 드러난다. 천하다기휘 이민미빈(天下多忌諱 而民彌貧). 세상에 금기가 많아질수록 백성은 점점 가난해진다. 민다리기 국가자혼(民多利器 國家滋昏). 백성에게 날카로운 도구가 많아질수록 나라는 점점 어지러워진다. 인다기교 기물자기(人多伎巧 奇物滋起). 사람들의 기교가 늘어날수록 기이한 일이 점점 많아진다. 법물자창 도적다유(法物滋彰 盜賊多有). 좋은 것이 드러날수록 도둑이 점점 많아진다. 작위적인 틀에 백성을 가두지 말라는 얘기다. 인위적인 규정으로 백성을 옭아매지 말라는 얘기다. 억지스러운 잣대로 백성을 재단하지 말라는 얘기다.

경영 분야의 세계적인 작가 다니엘 핑크가 그랬다.

"회사를 돌아다니면서 직원들을 감시하는 것은 경영이 아니다. 경영이란 직원들이 최선을 다할 수 있도록 더 많은 자율성을 주는 것이다."

그런데도 수많은 사장이 감시의 눈초리를 거두지 않는다. 오히려 직원들의 자율성을 뺏으려 혈안이다. 시키는 거만 하라는 거다. 머리는 내려놓고 손발 노릇만 하라는 거다. 영혼 없는 '좀비 직원'들이 창궐하는 이유다.

강제의 규정과 금지의 규칙으로 직원을 통제하면? 직원은 순응한다. 하지만 그 순응에 영혼은 없다. 그러니 눈앞에 천 길 낭떠러지가 있는데도 모두가 못 본 척한다. 아무도 위험하다 말하지 않는다.

"사장님이 하라잖아. 잘못되면 자기가 책임지겠지. 어차피 우리가 말해봐야 듣지도 않을 텐데, 뭐."

직원들에게 회사 일은 이렇게 남의 일이 된다. 이런 조직에 성과가 있을 리 없다. 성과는커녕 나락이 코 앞이다.

노자는 이어 이야기한다. 무위이민자화 호정이민자정(無爲而民自化 好靜而民自正). 사장이 작위적인 프레임을 깨부수고 자연의 순리에 따르면 백성은 절로 교화되고, 사장이 맑음을 좋아하면 백성은 절로 바르게 된다. 무사이민자부 무욕이민자박(無事而民自富 無欲而民自樸). 사장이 자기 뜻을 내세우며 억지를 부리지 않으면 직원은 절로 부유해지고, 사장이 욕심을 버리면 직원은 절로 소박해진다.

직원은 도구가 아니다. 나와 똑같은, 주체로서의 귀한 존재다. 그런데도 그들을 장기판의 졸(卒)로 여겨 자꾸 통제하려 든다. 한편으로는 주인의식 가지라 닦달하면서, 또 한편으로는 노예처럼 시키는 대로만 하라 을러메니 어느 장단에 춤을 출까. '인사가 만사'라며 엄청난 시간과 비용을 들여 '독수리'를 채용하고선 '새장'에 가둬 '참새'로 만들어 버리는 격이다. 그러고 보니 비틀스도 '지혜의 단어(Words of wisdom)'라며 '그냥 그대로 두라(let it be)' 노래했다.

노자의 한 마디

무위이민자화 호정이민자정(無爲而民自化 好靜而民自正).

사장이 작위적인 프레임을 깨부수고 자연의 순리에 따르면 백성은 절로 교화되고, 사장이 맑음을 좋아하면 백성은 절로 바르게 된다. "직원을 관리 감독하는 대신, 직원 스스로가 회사에 가장 이로운 선택을 할 수 있게 자율적이고 주체적인 환경을 만드는 게 재창조의 원동력이다." 넷플릭스의 CEO 리드 헤이스팅스의 말이다. "믿어라, 그리고 맡겨라." 직원의 열정에 불을 지르는 마법의 레시피다.

남들과 같은 방식으로는 이길 수 없는 이유

차별화 : 경쟁의 틀을 초월하라

마케팅의 궁극적 목표는 하나다. 나의 브랜드를 파워브랜드로 만드는 거다. 파워브랜드가 되면 혜택이 많다. 고객충성도가 높아진다. 가격 경쟁에서도 자유로워진다. 삼성보다 훨씬 적은 수량의 스마트폰을 팔면서도 영업이익은 몇 배를 더 챙겨가는 애플이 대표적인 사례다. 파워브랜드의 위엄이요 위상이다.

파워브랜드가 되기 위한 필수요소? 차별화다. 고객이 묻는다. "내가 왜 네 걸 사야 하는지?" 차별화는 이 물음에 대한 대답이다. 차별화 포인트가 없다는 얘기는 고객이 굳이 내 제품과 내 서비스, 내 브랜드를 선택할 이유가 없다는 의미다. 그러니 뭐가 달라도 달라야 한다.

차별화를 하겠다며 남들보다 잘하려 노력한다. 경쟁에 대한 오해에서 시작된 오류다. 비즈니스에서의 경쟁은 상대를 무찌르는 게 아니다. 고객가치 창출이 목표다. 전쟁과 달리 승자가 하나일 수 없는 건 그래서다. 나이키는 나이키답기에 좋고, 아디다스는 아디다스다워서 좋은 거다. 남보다 잘하는 게 아니라 남들과 다르게 해야 하는 이유다. 남들과 같은 방식이 아니라 나만의 고유한 방식으로 고객을 만족시키는 것, 이게 차별화다.

이쯤에서 《도덕경》을 살펴보자. 20장이다. 중인개유여 이아독약유(衆人皆有餘 而我獨若遺). 모두 넘치고 남으나 나만 홀로 모자란 것 같다. 아우인지심야재 돈돈혜(我愚人之心也哉 沌沌兮). 어리석은 나의 마음은 참으로 혼란스럽다. 속인소소 아독혼혼(俗人昭昭 我獨昏昏). 세상 사람들은 모두 밝고 밝은데 나만 홀로 흐리고 어둡다. 속인찰찰 아독민민(俗人察察 我獨悶悶). 세상 사람들은 모두 똑똑해서 살피고 따지지만 나만 홀로 근심이 많아 마음이 답답하다. 중인개유이 이아독완사비(衆人皆有以 而我獨頑似鄙). 사람들은 모두 그 쓰임이 있으나 나만 홀로 고루하고 촌스럽다.

남들보다 못한 자신을 자책하는 듯한 내용이다. "수준이 낮은 이에게 도를 말해주면 크게 웃어버린다(下士聞道 大笑之). 만약 그가 웃지 않으면 그건 도라고 할 수 없다(不笑 不足以爲道).” 《도덕경》 41장에서는 이처럼 상남자 스타일의 호방한 기개를 내보였던 노자다. 그래서 이 장은 묘하다. 톺아보니 마지막 구절이 눈에 확 들어온다. 아독이어인 이귀식모(我獨異於人 而貴食母). 나만 홀로 세상 사람들과 달라서 세상 만물의 존재 원리인 도(道)와 덕(德), 그것만 귀히 여길 뿐이라는 문장이다. ‘다르다(異)’라는 단어가 열쇠다. ‘못하다’가 아니라 ‘다르다’다.

더 많이, 더 높이, 더 멀리, 더 빨리! 세상 사람들이 생각하는 삶의 이치다. 그러니 앞다투어 한 방향으로 내달린다. 남보다 더 앞서려 하고, 남보다 더 가지려 하고, 남보다 더 오르려 하는, 불꽃 튀는 경쟁이다. 그런 이들 사이에 있으니 노자의 모습은 어딘가 모자라 보이고, 무언가 부족해 보인다. 착시다.

나로 살지 못하는 어리석은 사람들 속에서 노자는 홀로 빛난다. ‘채움’을 목표로 하는 인위적인 가르침에 매몰된 사람들과 ‘비움’이라는 자연의 섭리를 깨달은 도인의 극적인 대비다. 내 눈에 비친 《도덕경》 20장은 그 차별화를 보여주는 역설의 장이다. ‘못함’이 아니었다. 차별적 강점으로서의 ‘다름’이었다.

채우기 위한 경쟁의 틈바구니에서 아웅다웅 몸부림치다 보면 ‘나’는 사라진다. 남들이 만들어놓은 경쟁의 틀에 포박된 꼴이다. 그 틀을 깨고 나와야 한다. 그래야 나로 살 수 있다. 부질

없는 아귀다툼에서 한 발 떨어져 나와 있는 노자의 모습은 그래서 다르다(異). 경영의 관점에서 읽어내는 노자의 메시지는 이거다. 경쟁의 틀에 얽매이지 말고 경쟁의 틀을 초월하라는 거다. 나다워야 한다는 거다. 달라야 한다는 거다. 이 다름이 곧 차별화인 셈이다.

'이상(異常)하다'. 정상(正常)과 다르다는 의미다. 별나거나 색다르다는 뜻이다. 지금껏 부정적인 의미로 쓰이던 단어였다. 더는 아니다. 달라야 한다. 이상해야 한다. 그래야 차별화가 가능하다. 눈에 띄어야 살아남을 수 있는 세상에서 차별화란 곧 '다름'이요, '이상함'이다. 남보다 '나아야' 차별화가 아니라 남과 '달라야' 차별화란 얘기다.

차별화엔 그래서 방향이 없다. 한 방향으로의 경쟁이 아니라 360도 어느 방향으로도 가능한 게 차별화다. 모두가 화려할 때 나는 외려 담백해야 한다. 모두가 소리칠 때 나는 외려 속삭여야 한다. 모두가 올라갈 때 나는 외려 내려가야 한다. 상식이라는 평범함을 거부할 때, 정상을 넘어 이상함을 좇을 때, 사람들의 기대는 여지없이 깨진다. 반전 매력의 차별화가 빛을 발하는 순간이다.

최근 인기를 끌고 있는 모 가요오디션 프로그램. 특유의 매력으로 1라운드와 2라운드를 통과한 한 참가자가 급기야 3라운드에서 사고를 쳤다. 듣도 보도 못한 독특한 스타일의 음악으로 자신의 무대를 꽉 채웠던 거다. 무대를 완전히 뒤집어 씹어 먹어 버렸던 것. 충격과 혼란의 심사평이 쏟아졌다.

"오늘 처음 본 스타일의 무대였다. 관객마다 보는 시각이 달랐을 것 같다.", "전주 나올 때부터 뭔가 이상했다. 왜 좋은지는 모르겠는데 좋았다. 이상하다.", "유일무이한 캐릭터다. 개성이 드러난 무대였다.", "대체 족보가 어디에 있는 음악인지 모르겠다. 너무 생경한 걸 들어 낯설다.", "예전에 '서태지와 아이들'이 처음 나왔을 때 이상했다. 처음 보는 거니까. 지금 무대도 이상한데 다행스럽게도 나쁘지 않았다. 나름 괜찮았다." 대중음악계에 일으킨 혁명 아닌 혁명으로 '문화 대통령'에 등극했던 서태지까지 소환된 심사평이었다. 압권은 이거였다.

"논란의 대상이다. 하지만 칭찬해드리고 싶은 건 지금껏 나름 오랜 시간 음악을 해 온 (전문가인) 우리 심사위원들에게 질문을 던졌다는 거다."

세상의 모든 혁신은 처음에는 불편하고 당혹스럽다. 이미 익숙해져 버린 기존의 상식을 엎어버려서다. 내가 내린 결론은 이거였다. 저 참가자 자체가 하나의 장르라는 것! 주어진 장르에서 잘하는 게 아니라 새로운 장르를 하나 만들었다는 것! 우린 이걸 혁신이라 부른다. 경쟁에서 생존하려면 혁신이 필요하다.

인간의 뇌는 게으르기 짝이 없다. 생긴 게 원래 그렇다. 그러니 습관에 의존한다. 좋든 나쁘든 상관없다. 하던 게 편한 거다. 관성이다. 타성이다. "이게 최선인가? 더 나은 방법은 없나?" 질문은 사라진다. 기존의 뻔한 대답만 난무한다. 새로운 시도는 위험한 일이다. 그냥 하던 대로 할 밖에. 그렇게 서서히 침몰한다. 혁신이 어려운 이유다.

'변방'에서 시작된 '이상함'이 야금야금, 어느새 '중심'으로 들어온다. 그리고는 상식으로 등극한다. 세상은 멈추지 않는다. 이내 또 다른 '이상함'이 다시 변방에서 싹을 틔운다. 새로운 혁신이다. 역사는 지금껏 그렇게 발전해왔다. IT 분야만 봐도 그렇다. 스마트폰으로 인류의 역사를 바꿔놓은 애플의 출발은 작은 차고였다. 세계 최대 검색엔진을 넘어 세계 최대의 라이프 플랫폼으로 발돋움하고 있는 구글 역시 차고에서 시작됐다. 아마존이 그랬고, 휴렛팩커드가 그랬으며, 디즈니가 그랬다. 지금도 어느 허름한 차고에서 세상을 바꾸기 위해 밤을 새우고 있을 스타트업이 제일 두렵다고, 빌 게이츠가 얘기했던 이유다.

'다르다'라는 건 결국 '나로 돌아간다.'라는 애기다. 나로 돌아가야 질문이 생겨난다. 허깨비로 사는 삶에 질문이 있을 리 없다. 주입된 대답만 앵무새처럼 내뱉으며 사는 거다. 내 삶을 살아야 한다. 내 생각을 살아야 한다. 주변에, 그리고 세상에 휘

둘러서는 안 된다. 무소의 뿔처럼, 내 갈 길 씩씩하게 가는 거다. 일견 초라해 보일 수 있다. 하지만 기준은 내가 정하는 거다. 어떻게 살 것인가, 스스로 물어야 한다. 그 대답이 나를 '진짜 나'로 만들어준다. '나다움'은 결국 다른 이와 다르다는 뜻이다. 달라야 차별화다. 달라야 혁신이다.

노파심에 한 마디 덧붙인다. "새로운 콘셉트의 상품이라고 '그 누구도 본 적 없는 것'을 하겠다는 건 위험한 일이다. '그 누구도 본 적 없는 것'이란 '그 누구도 원치 않았던 것'과 종이 한 장 차이이다." 어느 책에선가 읽었던 문장이다. 차별화를 위한 차별화는 위험하다. 진정한 차별화는 차별성뿐만 아니라 필요성까지 아우를 때 완성된다.

노자의 한 마디

아독이어인 이귀식모(我獨異於人 而貴食母).

나만 홀로 세상 사람들과 달라서 세상 만물의 존재 원리인 도(道)와 덕(德), 그것만 귀히 여길 뿐이다. '다르다(異)'라는 단어가 열쇠다. '못하다'가 아니라 '다르다'이다. 경쟁의 틈바구니에서 아웅다웅 몸부림치다 보면 '나'는 사라진다. 나다워야 한다는 거다. 달라야 한다는 거다. 이 다름이 곧 차별화인 셈이다.

모든 위기는 자초한 위기다

우보천리 : 신중하고 우직하게 한 걸음씩 내딛어라

노자는 《도덕경》 전편을 아울러 비움과 내려놓음, 버림과 물러섬을 갈파한다. 세상을 등지라는 의미가 아니다. 비워야 채울 수 있고, 내려놓아야 올라설 수 있기에 하는 말이다. 버려야 얻을 수 있고, 물러서야 나아갈 수 있기에 하는 말이다. 한쪽 면만 봐서는 보이지 않는 천지 운행의 섭리다. 양쪽 면을 고루 봐야 보이는 우주 존재의 진리다. 그래서 《도덕경》은 역설적이고, 전복적이며, 입체적이다.

《도덕경》 24장의 메시지도 궤를 같이한다. 기자불립 과자불행(企者不立 跨者不行). 기자(企者)는 높이 발돋움하는 사람이다.

과자(跨者)는 멀리 타고 넘는 사람이다. 높이 발돋움하는 사람은 오래 서 있지 못하고, 멀리 타고 넘는 사람은 제대로 갈 수 없다. 자견자불명 자시자불창(自見者不明 自是者不彰). 자기의 관점을 고집하는 이는 현명할 수 없고, 자기만 옳다 고집하는 이를 사람들은 알아주지 않는다. 자벌자무공 자긍자부장(自伐者無功 自矜者不長). 스스로 자랑하는 이는 오히려 공이 없고, 스스로 뽐내는 이는 오래 갈 수 없다. 자신을 돌아보며 한 발 한 발 차근차근 나아가라는 얘기다. 공명과 자만에 사로잡혀 욕심내지 말라는 얘기다. 수천 년 전 노자가 남긴 이 문장은 오늘날의 사장에게도 생생한 길라잡이다.

1962년, 허츠(Hertz)는 미국 렌터카 업계 압도적인 1위였다. 반면 에이비스(Avis)는 수년 연속 적자 상태의 작은 업체. 광고업계의 전설로 불리는 에이비스의 '넘버2' 캠페인은 이때 시작됐다.

"우리는 2등입니다. 그래서 더 열심히 합니다(Avis is only No.2 in rent a cars. So we try harder)."

시장의 70%를 차지하고 있던 허츠의 위상을 깨끗이 인정하고 2등을 자처했다. 이 광고로 에이비스의 매출은 수직으로 상승한다. 1등을 지렛대 삼아 2등 자리를 확실한 내 것으로 만든 영리한 전략이었다. 허츠와 함께 미국 렌터카 시장을 주도하는 위치로 올라선 에이비스는, 그러나 거기서 멈춰야 했다. 하지만 사람 욕심이란 게 어디 그런가. 에이비스는 2등에 만족할 수 없었다. 새로운 광고 캠페인을 런칭한다.

"에이비스는 1위가 되려고 합니다(Avis is going to be No.1)."

결과? '확고한 2위'라는 고객 인식을 얻었던 에이비스는 순식간에 '허풍쟁이''로 전락했다. 성공에 취해 '2등'이라는, 우리의 성공 원인을 잊어버린(Forget what made them successful) 거다.

유사한 사례는 또 있다. '언콜라(Uncola)' 캠페인으로 광고업계 또 다른 레전드로 회자되는 세븐업(7up)이다. 잘 나가는 콜라를 지렛대 삼아 '콜라 아닌 콜라'로 성공적으로 고객의 머릿속에 안착한 세븐업 역시 욕심을 부린다. 그래서 나온 다음 광고가 이거다.

"미국은 이제 세븐업을 향한다(America's turning 7up)."

세븐업의 공허한 희망 사항이었다. 노자가 경계했던 '기자(企者)'와 '과자(跨者)'의 어리석음이다.

세계적인 경영컨설턴트 짐 콜린스는 저서 《위대한 기업은 다 어디로 갔을까》에서 강한 기업이 몰락하는 과정을 5단계로 설명한다. 먼저 1단계다. 성공으로부터 자만심이 생겨나는 단계다. 성공에 도취해 성공 원인을 잊어버린다. 운과 실력을 구분하지 못한다. 자신을 과대평가하여 자만에 빠진다. 원칙 없이 더 많은 욕심을 낸다면 2단계다. 자기통제와 규율이 사라진다. 적절한 인재를 핵심 자리에 채울 수 있는 능력을 잃어버린다. 지나친 욕심으로 선을 넘는다. 잘할 수 있는 분야는 버려둔다. 성장이 어려운 새로운 영역으로 진출한다.

3단계는 위험과 위기 가능성을 부정하는 단계다. 외부 성과가 아직은 그다지 나쁘지 않기에 내부의 경고 신호는 무시된다. 위기는 일시적인 어려움으로 치부된다. 부정적 데이터는 축소되고 긍정적 데이터는 과장된다. 사실에 근거한 투명하고 활발한 소통은 사라진다.

4단계는 구원을 찾아 헤매는 단계다. 가파른 하락세가 뚜렷하다. 사태를 한 방에 해결할 묘책을 찾느라 마음이 급해진다. 카리스마로 무장한 구원투수가 등장한다. 반짝 효과는 있을지 몰라도 점점 수렁으로 빠져든다.

유명무실해지거나 생명이 끝나는 마지막 단계가 5단계다. 거듭된 실책으로 모든 희망은 사라진다. 경영진이 퇴출당하고 조직은 쪼그라든다. 최악의 경우, 회사는 문을 닫는다. 짐 콜린스가 말하는 기업 몰락의 5단계다.

모토로라는 1990년대 휴대폰 시장의 절대 강자였다. '스타텍'이라는 불세출의 모델이 공전절후의 히트를 기록했다. 경영진은 기고만장했다. 하지만 영원한 강자는 없다. 세상 변화는 상수다. 디지털로의 무게중심 이동. 아날로그 기술에 기반한 모토로라는 디지털의 위협을 무시했다. 4,300만 명의 아날로그 고객이 있는데 대체 뭐가 문제인가? 모토로라는 자만했다. 경쟁사들은 야금야금 시장을 잠식했다. 급기야 노키아가 휴대전화 부문 시장점유율 1위로 올라섰다.

시장의 절반을 차지하고 있던 모토로라의 시장점유율은 1999년 17%로 급락했다. 2001년 모토로라의 직원은 14만 7천 명. 2003년 말 그 수는 8만 8천 명으로 줄었다. 그토록 흥성했던 모토로라의 망쇠 원인은 명확하다. 환경 독해력의 부재. 자신을 돌아보지 못하니 세상 변화가 눈에 들어올 리 없다.

삼국지에 나오는, 크고 작은 전투의 승패를 가른 것도 결국은 오만과 과욕이었다. 상대를 얕보다 패퇴했다. 자신을 과신하다 몰락했다. 멈춰야 할 때를 알고 멈춰야 했거늘 그러지 못해 대사를 그르쳤다. 지금껏 성공 가도를 달려온 내 앞길에 실패가 있으랴? 성찰의 부재가 빚어낸 착각이었다.

조조와 유비도 이런 전철을 그대로 밟는다. 천하의 인재를 끌어모으며 차근차근 자신의 세력을 키워나갔던 조조. 천하의 원소를 상대로 한 관도대전의 승리로 북방을 평정한다. 내친김에 천하를 통일하겠다는 욕망으로 강동 정벌에 나서는데, 유비와 손권의 연합군에게 궤멸적 타격을 입는다. 그 유명한 적벽대전이다.

"20년이 넘도록 숱한 전쟁을 치러왔지만 이렇게 굴욕적인 패배는 처음이다."

조조 스스로 인정한 참패 중 참패였다. 초극강의 압도적 세력이었던 조조의 적벽대전 패배는 위, 촉, 오 천하 삼분지계의 서막이 열리는 계기가 된다.

관도대전, 적벽대전과 함께 삼국지 3대 전투 중 하나인 이릉대전은 촉한의 황제에 오른 유비의 과욕이 불러일으킨 패전이다. 오나라의 공격으로 관우가 전사하고 형주마저 잃은 유비. 제갈량을 비롯한 신하들의 만류에도 불구하고 군사를 일으켜 오로 진군한다.

초기 유비의 군세는 굳건했다. 오의 군사 육손은 지구전을 펼치며 촉군의 기세가 지치길 기다린다. 그러던 중 촉군의 허를 찌른 오군의 대대적인 공세. 결과는 유비의 대패였다.

"내가 육손에게 좌절과 모욕을 당했으니, 어찌 하늘의 뜻이 아닌가?"

간신히 목숨을 건진 유비의 한탄. 하지만 물은 이미 엎질러진 후였다.

천하를 집어삼킬 기세의 조조가 패배했던 적벽대전과 대규모 군사를 이끌고 오나라 정벌에 나섰다. 일격을 맞은 유비의 이릉대전에는 공통점이 있다. 조조와 유비 다 같이 일생을 통틀어 최대 규모의 군사력을 보유했을 때라는 점이다. 생의 정점에서 승리를 당연하다 여기며 자신만만하게 시작한 전투에서 그들은 대패했던 거다. 성공에 취하니 물불을 가리지 못한다. 성공 원인을 잊어버린다. 성공의 덫이다.

노자의 한 마디

기자불립 과자불행(企者不立 跨者不行).

기자(企者)는 높이 발돋움하는 사람이다. 과자(跨者)는 멀리 타고 넘는 사람이다. 높이 발돋움하는 사람은 오래 서 있지 못하고, 멀리 타고 넘는 사람은 제대로 갈 수 없다. 우보천리(牛步千里)라 했다. 소처럼, 서두르지 않고 신중하고 우직하게, 한 걸음씩 내디딘다. 그래야 천 리를 간다.

사장의 시선은 '이곳'을 향해야 한다

현장경영 : 동물원이 아니라 정글로 가라

장군임에도 일반 병사들과 똑같이 먹고 입었다. 잠을 잘 때는 자리를 깔지 않았고, 행군할 때에는 수레를 타지 않았다. 병사들과 고락을 함께했다. 병사 중에 종기로 고생하는 이가 있었다. 장군은 거리낌 없이 병사의 종기 고름을 입으로 직접 빨아 낫게 해주었다. 그 이야기를 전해 들은 병사의 어머니가 대성통곡했다.

"예전 애 아버지가 종기로 고생할 때 그 장군이 고름을 빨아주었다. 그 은혜에 보답고자 애 아버지는 싸움터를 지키다가 전사했다. 그 장군이 우리 아이의 상처도 빨아주었다 하니 이제 아이마저 잃게 될까 두렵다."

일흔여섯 번의 전투에서 예순네 번을 승리했다고 하는, 중국 전국시대 최고의 병법가 오기의 이야기다.

대부분 사장은 먼저 먹는다. 자신의 지위를 책임이 아니라 권리로 여겨서다. 하지만 진짜 사장은 마지막에 먹는다. 모두가 먹고 난 뒤 자신의 수저를 든다. 그런 사장을 사람들은 진심으로 따른다. 그를 위해서라면 언제든, 어디든 앞장설 각오가 돼 있다. 잘 되는 조직의 모습이다. 그러니 사장이라면 내려가야 한다. 사장이 낮춰야 한다.

지기백 수기흑 위천하식(知其白 守其黑 爲天下式) 위천하식 상덕불특 복귀어무극(爲天下式 常德不忒 復歸於無極). 밝음을 알면서도 어둠을 감수하면 천하의 모범이 된다. 천하의 모범이 되면 덕(德)에서 벗어나지 않는다. 한계 없는 궁극의 상태로 돌아간다. 지기영 수기욕 위천하곡(知其榮 守其辱 爲天下谷) 위천하곡 상덕내족 복귀어박(爲天下谷 常德乃足 復歸於樸). 영예를 알면서도 치욕을 감내하면 천하의 골짜기가 된다. 천하의 골짜기가 되면 영원한 덕이 가득하다. 소박한 바탕으로 돌아간다.

《도덕경》 28장이다. 좋은 것을 모르는 이는 없다. 모두가 좋은 것을 좇는다. 하지만 반대로 향하는 이가 있다. 모두가 좋고 높고 밝고 귀한 것을 좇을 때 홀로 낮은 데로 임한다. 몰라서가 아니다. 알지만 그리하는 거다. 노자는 그걸 천하의 모범이라 했고, 모든 걸 품어 안는 천하의 골짜기라 했으며, 세상의 덕이라 했다. 오기의 사례가 그러하다.

"나라의 말이 중국과 달라 한자와 서로 통하지 아니하여 이런 까닭으로 어리석은 백성이 말하고자 하는 바가 있어도 마침내 제 뜻을 능히 펴지 못하는 사람이 많다. 내가 이를 가엾이 여겨 새로 스물여덟 자를 만드니 사람마다 하여금 쉬이 익혀 날마다 씀에 편안하게 하고자 할 따름이니라."

훈민정음 언해 서문이다. 세종대왕이 한글을 창제한 이유가 담겨 있다. 요컨대, 우리 말에 부합하는 우리의 문자가 없어 의사소통에 힘들어하는 백성들을 위해 한글을 만드신 거다. 불쌍하고 가엾게 여겨서 도와주는 마음, 긍휼감이다. 시선의 높이를 백성에게 맞추니 그들의 고통이 보인다. 구중궁궐에서 호의호식하며 나만 챙겼다면 절대 나올 수 없는 생각이다.

사장의 시선은 아래를 향해야 한다. 그들이 올라오기를 기다려선 안 된다. 내가 먼저 내려가야 한다. 소통과 공감은 리더가 몸을 낮추는 그 지점에서 빚어진다.

귀천과 영욕의 구분을 넘어 낮은 데로 임하라는 노자의 얘기는 '사장의 희생과 솔선수범'이란 교훈으로 끝나지 않는다. 생각의 고리를 이어가다 보면 위에서 아래로의 이동은 개념에서 실재, 이론에서 현장으로의 무게중심 이동으로도 읽힌다. 저기, 허공에 또 있는 개념과 이론의 성(城)에서 탈출하라는 얘기다. 여기, 발 딛고 선 대지의 실재와 현장을 단단히 거머쥐라는 얘기다.

비즈니스 또한 현실이다. 교과서 속 이론이 아니다. 사장의 눈이 실재를 따져야 하는 이유다. 현장을 좇아야 하는 이유다. 번듯한 사무실 책상에 앉아서는 고객의 현실을 알 도리가 없다. 야생에서 살아 숨 쉬는 동물을 보려면 동물원에 갈 일이 아니다. 정글로 가야 한다. 고객의 일상 역시 보고서 안에 있지 않다. 현장에 있다. 마케팅의 본질은 고객의 고통과 고민, 고충을 해결해줌으로써 그들을 행복하게 만드는 거다. 현장에 서서 고객의 눈높이로 바라볼 때 그들의 아픔이 보인다. 수행 기사가 운전하는 대형 고급 세단 뒷자리에서는 절대 보이지 않는 고객의 일상이다.

선진국에서 히트한 상품을 다운그레이드(downgrade)하여 신흥국에 파는 것. 글로벌 기업들의 일반적인 전략이었다. 100의 성능에 100의 가격을 가진 제품을 70 성능으로 낮춰 70 가격으로 파는 거다. 하지만 이런 전략으로는 번번이 실패다. 신흥국의 부유층에게나 통하는 전략이라서다. 다수를 차지하는 신흥국의 중산층이나 빈곤층에게는 외면받는 전략이라서다.

신흥국 고객의 현실은 선진국의 그것과는 사뭇 다르다. 그들이 진정 필요로 하는 것을 그들이 구매할 수 있는 금액으로 판매해야 한다. 예컨대, 50 성능의 제품을 10 가격으로 파는 거다. 이런 제품은 신흥국뿐만 아니라 선진국 고객에게도 매력적이다.

선진국에서 신흥국으로 전해지던 혁신의 방향이 그렇게 바뀐다. 신흥국에서 선진국으로! 리버스 이노베이션(Reverse Innovation), 이름하여 역(逆)혁신이다. 미국 다트머스대학의 비제이 고빈다라잔 교수가 제창한 이론이다. 그동안 무시되거나 외면받았던 신흥국의 저소득층 시장이 새로운 혁신의 원천으로 떠오른 셈이다.

프리미엄급 초음파 심전도 기기를 앞세워 인도 시장을 공략한 GE헬스케어. 결과는 대실패였다. 너무 비싸서였다. 인도 현지 상황을 뒤늦게 파악한 GE헬스케어는 제품 사양을 최소화했다. 적색과 녹색, 두 개 버튼만으로도 사용할 수 있도록 만들었다. 무게도 줄여 휴대할 수 있도록 했다.

가격은 대폭 낮추었다. 중저가의 실용적 초음파 진단기기의 탄생이었다. 심전도 진단 비용이 획기적으로 떨어지자 환자들은 기꺼이 병원을 찾았고, 제품은 선풍적인 인기를 끌었다. 인도에서 싹을 틔운 혁신이 인도를 넘어 선진국을 포함한 세계 전역으로 퍼져나간, 대표적인 역혁신 사례다.

글로벌 금융위기 이후 중국 진출을 시도한 리바이스 사례도 흥미롭다. 선진시장의 경기 부진과 동아시아 신흥시장의 부상에 따른 결정이었다. 고가 제품으로 중국 진출을 시도한 리바이스는 고전을 면치 못했다. 가격만의 문제가 아니었다. 서구인의 체형을 기준으로 한 리바이스 제품은 상대적으로 엉덩이가 작고 다리가 짧은 아시아인의 체형과 맞지 않았다.

리바이스는 심기일전했다. 디자인과 가격을 완벽하게 현지에 맞춘, 가성비 만점의 새로운 브랜드 데니즌을 런칭했다. 브랜드 본사도 홍콩에 두었다. 'Made for China.' 이론이 아니라 현장을 겨냥하니 시장이 반응한다. 데니즌은 중국을 넘어 아시아 태평양 지역으로 뻗어 나갔다. 금융위기에 내몰린 미국 소비자들도 데니즌에 열광했으니 이 또한 역으로의 혁신이다.

'리버스 이노베이션'의 시사점은 딴 거 없다. 상대를 톺아보라는 거다. 내 식에 맞춰 내 맘대로 재단하지 말라는 거다. 신흥국 역시 선진국과 비슷한 패턴으로 발전할 거라는 생각은 오산이다. 경제적 수준뿐만 아니라 사회, 정치, 문화, 종교, 인구, 언어 등 모든 조건이 다르다. 발전 양상 또한 다르다. 노자식으로 말하자면, 저 멀리 위에서 내려다보지 말라는 거다. 내려와서 눈높이를 맞추라는 거다. 개념과 이론을 벗어 던지고 실재의 현장으로 몸을 던지라는 거다. 현장을 모르는 사장의 성공은 어불성설이다. 그러니 내려가야 한다. 그러니 낮춰야 한다.

노자의 한 마디

지기백 수기흑 위천하식(知其白 守其黑 爲天下式) 위천하식 상덕불특 복귀어무극(爲天下式 常德不忒 復歸於無極).

밝음을 알면서도 어둠을 감수하면 천하의 모범이 된다. 천하의 모범이 되면 덕(德)에서 벗어나지 않는다. 한계 없는 궁극의 상태로 돌아간다. 《도덕경》에서 경영을 읽는다. 《도덕경》에서 마케팅과 세일즈를 읽는다. "지상에 가까울수록 우리 삶은 더 생생하고 진실해진다. 지상의 존재에게서 멀어진 인간의 움직임은 무의미해진다." 소설가 밀란 쿤데라의 말이다. 그도 《도덕경》을 읽었을까? 문득 궁금해진다.

안 사는 고객과 안 하는 직원

"이 사업, 왜 하시는 건가요?"

악여이 과객지(樂與餌 過客止). 아름다운 음악과 맛있는 음식은 지나가는 나그네의 걸음을 멈추게 한다. 도지출구 담호기무미(道之出口 淡乎其無味). 도(道)는 다르다. 굳이 표현하자면 심심하여 아무런 맛이 없다. 《도덕경》 35장이다.

평소 자극적인 음식을 즐기는 편이다. 건강식이라며 차려 나오는 무슴슴한 음식들엔 손이 잘 가지 않는다. 큰 병을 앓은 적이 있기에 걱정 어린 아내의 타박은 당연지사다. 하지만 끊기가 쉽지 않다. 혀를 사로잡는 탐미적 자극에 늘 백기를 든다. 머리로는 알지만, 손발이 따르질 않는다. 답답한 노릇이다. 노자가 말하는 '담담한 도'의 세계는 작위적 쾌락에서 헤어나오지 못하는 나를 내리치는 죽비다.

돌아보니 세상만사가 그러하다. 행복은 자극적인 쾌락에서 생겨나지 않는다. 일상의 평화가 행복을 만든다. 둘째 아이가 아파 며칠 입원했던 적이 있다. 초등학생 시절이었기에 아내와 내가 돌아가며 병실을 지켰다. 일상 평화를 깨부순 날벼락. 당연하고 자연스럽던 일상의 모든 것들이 다 어그러졌다. 좋은 일이 있어 행복한 게 아니었다. 나쁜 일이 없어 행복한 거였다. "평화를 빕니다"라는 성당의 인사말이 새삼 와 닿았던 시간이었다.

조미료로 맛을 낸 맵고 짠 음식은 쉽게 물린다. 건강마저 해친다. 별맛 나지 않는 심심한 쌀밥이 우리의 주식인 이유다. 작위적으로 빚어낸 인위적 풍미는 오래 가지 않는다. 결국엔 기본이고, 결국엔 바탕이다. 《도덕경》 35장 얘기도 같은 맥락이다. 화려한 삶이 우리를 유혹한다. 세이렌의 노랫소리다. 아차, 하는 순간 바닷물에 빠진다. 파멸이다. 그래서 노자는 아무 맛도 나지 않는, 슴슴하기 짝이 없는 도를 역설한다.

세상에는 두 종류의 삶이 있다. '존재의 삶'과 '소유의 삶'이다. 소유의 삶은 '얼마나 가지느냐'로 승패가 갈린다. 방법이나 과정은 중요치 않다. 결과가 모든 걸 말해 줄 뿐이다. 말초적 향락과 감각적 쾌락이 눈앞에서 춤을 춘다. 뜨거운 유혹이다. 넘어가지 않을 재간이 없다. 그러니 기를 쓰고 가지려 한다. 하지만 왜 가져야 하는지 이유를 모른다. 그저 가지기 위해 가지는 거다. 가진들 헛헛한 이유다. 먹어도 먹어도 배고픈 아귀가 따로 없다. 노자가 말하는 "아름다운 음악과 맛난 음식"은 소유의 삶에 대한 비판적 은유로도 읽힌다.

존재의 삶은 다르다. 내 삶의 이유를 증명하는 삶이다. 내가 세상에 다녀감으로써 세상이 얼마나 더 나아졌는지 보여주는 삶이다. '세상에 무엇으로 존재하느냐'가 핵심이다. '어떻게 살 것인가'와 연결되는 화두다. 방법론적 전략을 넘어 존재론적 철학의 차원으로 상승하는 이슈다. 어렵다. 그래서 외면한다. 인생, 그렇게 골치 아프게 살 필요 있어? 그저 보란 듯이 모양새 나게 살면 되는 거잖아. 천만의 말씀이다. 목적이 없는 삶은 위험하다. 바람에 낙엽이 날리듯 내 삶 또한 세파에 밀려 여기저기 떠다닐 뿐이라서다.

소유만을 추구하는 이기적인 사람 옆에 친구가 있을 리 없다. 모두를 배려하는 나눔의 존재에게 사람이 끓는다. '도이불언 하자성혜(桃李不言 下自成蹊)'라 하지 않았던가. 복숭아나무와 살구나무는 아무 말을 하지 않아도 그 밑에 절로 길이 생겨난다. 아름다운 향기 덕분이다. 굳이 드러내지 않아도 절로 드러나는 존재감. 덕불고 필유린(德不孤 必有鄰)이라는 공자의 말은 그래서 힘이 있다. 덕이 있으면 외로울 수 없다. 사람들이 따르게 마련이다. 그게 삶의 이치다. 세상의 모든 진리는 이토록 담담하다. 단번에 사람을 홀리는 짜릿한 자극은 없다. 하지만 곱씹을수록 우러나오는 진한 향이 웅숭깊다. 노자의 도가 그러하다.

“이 사업, 왜 하시는 건가요?” 별 이상한 질문 다 보았다 싶은 표정이다. “돈 벌려고요.” 잠시의 머뭇거림도 없이 용수철처럼 대답이 튀어나온다. 기업의 존재 이유? 예전에는 주주 이익 극대화라 배웠다. 돈 버는 게 목적이란 얘기. 하지만 궁금하다. 그 시절 그 얘기가 지금도 유효할까? 의문은 꼬리를 문다. 기업은 왜 돈을 벌려고 하는 걸까? 돈만 벌면 다 되는 걸까? 기업의 사회적 책임은?

최근 부상하고 있는 ‘ESG 경영’도 소유에서 존재로의 무게 중심 이동을 보여준다. ‘ESG’는 환경(Environment), 사회적 책임(Social), 지배구조(Governance)의 첫 글자를 따서 만든 표현이다. 기업이 환경 훼손을 최소화하고(Environment), 사회적 책임(Social)을 다하며, 건강한 지배구조(Governance)를 만듦으로써 지속가능한 발전을 추구한다는 의미다. 재무적 성과만 따지던 과거의 관점에서 벗어나 더 크고 더 넓은 시각으로 환경문제, 사회문제 등에 관심을 가져야 한다는 철학이 녹아있다. 주주 이익 극대화에서 모두의 행복 극대화로, 기업의 목적이 바뀐 셈이다.

"절대 잊지 말라. 약은 사람을 위한 것이지, 이익을 위한 게 아니다(Never forget, medicine is for the people, not for the profits.)"

글로벌 제약회사인 머크사 회장 조지 머크의 이 말은 달라진 기업의 존재 이유를 웅변한다.

《도덕경》 37장에서 노자는 도를 이렇게 풀이한다. 도상무위이무불위(道常無爲 而無不爲). 도는 항상 무위한다. 즉, 억지로 함이 없다. 그런데도 못할 일이 없다. 모든 일이 절로 된다. 후왕약능수지 만물장자화(侯王若能守之 萬物將自化). 군주제후, 즉 리더가 이러한 이치를 잘 알고 지킨다면 세상 만물은 저절로 생장하고 교화될 것이다.

"식당 성공 비결? 별 것 없어요. 딱 세 가지만 잘 지키면 됩니다. 맛있게, 푸짐하게, 깨끗하게."

행복한 성장을 이어가는 어느 식당 사장님의 말이다. 식당의 존재 이유, 그 기본에 충실하라는 얘기다. 받으려면 주어야 한다. 채우려면 비워야 한다. 그게 도다. 도의 관점으로 바라보면, 비즈니스의 성공 요건은 단순하다. 존재 이유에 부합하는 고객가치 창출이다. 문제는 다들 이러한 도의 원리를 외면한다는 거다. 싸구려 재료에다 조미료 듬뿍 쳐서 알량한 맛을 내고는 화려한 사진을 찍어 소셜네트워크에다 광고하는 식이다. 뿌리는 썩어가는데 가지만 치장해본들 물거품이다. 손님은 귀신이다. 어찌 알까 싶지만, 귀신같이 알아차린다.

무언가를 구매하는 이유? 가치가 있기 때문이다. 나의 고객도 마찬가지다. 얘긴즉슨, 고객 행복을 위한 차별적 가치를 제공하면 매출과 수익은 따라온다는 것.

하지만 고객가치에 대한 고민이 없다. 고객을 유혹하고 현혹하기 위한 꼼수만 난무한다. 직원과의 관계도 다르지 않다. 직원을 장기판의 졸로 여긴다. 돈을 벌기 위한 도구로 바라보는 거다. 그런데 어떡하나? 도구에는 창의가 없다. 열정이 없다. 집에 있는 망치를 떠올리면 쉽다. 그런데 주인의식을 가지라 닦달하니 주인의식을 연기한다. 서로에게 진실해야 할 일터가 가면을 뒤집어쓴 위선의 연극무대로 변하는 이유다.

고객에게 '사라' 한다고 사는 게 아니다. 스스로 사고 싶게 만들어야 한다. 직원에게 '하라' 한다고 하는 게 아니다. 스스로 하고 싶게 만들어야 한다. '안 사는 고객'과 '안 하는 직원'을 탓할 일이 아니다. 안 사게 만들고, 안 하게 만드는 자신을 반성해야 한다.

이들을 한 방에 바꿀 인위적인 비기나 묘책? 단언컨대 없다. 볼트와 너트가 서로 맞아야 돌아가듯 세상만사 이가 맞아야 돌아가는 법. 맞지도 않는 자리에 맞지도 않는 무언가를 힘으로 욱여넣어 본들 헛일이다.

화려한 음악과 진기한 음식은 인위적인 욕망으로 덧칠한 허상이다. 스스로 자(自)에 그럴 연(然). 스스로 그러하게 되는 것. 그게 도이고 그게 세상의 섭리다. 물은 아래로 흘러간다. 그런데 물길을 자꾸 높은 곳으로 돌리려 한다. 자연 운행의 법칙을 거스르는 일이다. 그래서는 될 일도 안 된다. 마케팅과 리더십에 문제가 있다고? 자극적인 솔루션이 일을 망친다. 담담하게, 스스로 그러할 방법을 찾을 일이다. 무위하면 못할 일이 없다.

노자의 한 마디

도상무위 이무불위(道常無爲 而無不爲).

도는 항상 무위한다. 즉, 억지로 함이 없다. 그런데도 못할 일이 없다. 모든 일이 절로 된다. 고객에게 '사라' 한다고 사는 게 아니다. 스스로 사고 싶게 만들어야 한다. 직원에게 '하라' 한다고 하는 게 아니다. 스스로 하고 싶게 만들어야 한다. '안 사는 고객'과 '안 하는 직원'을 탓할 일이 아니다. 안 사게 만들고, 안 하게 만드는 자신을 반성해야 한다.

우리의 미친 짓이 정상이 되다

'새로운 다름'을 생각하고 실천하라

명도약매 진도약퇴 이도약뢰(明道若昧 進道若退 夷道若纇). 밝은 길은 어두워 보인다. 앞으로 나아가는 길은 뒤로 물러나는 것처럼 보인다. 평평한 길은 마디가 있는 것처럼 울퉁불퉁해 보인다. 상덕약곡 태백약욕 광덕약부족(上德若谷 太白若辱 廣德若不足). 진정 높은 덕은 계곡처럼 텅 비어있는 듯하다. 진정 깨끗한 순백은 오히려 더러워 보인다. 진정 넓은 덕은 오히려 부족해 보인다. 《도덕경》 41장이다. 도(道)에 대한 역설적 풀이다. 요컨대, 좋은 게 오히려 나빠 보인다는 얘기. 착각하면 안 된다. '나쁘다'가 아니라 '나빠 보인다.'라는 거다. 문제는 도가 아니다. 좋은 걸 알아보지 못하는 우리가 문제다. 미약한 내공 탓이다.

"27년 전 아마존은 그저 아이디어였다. 지금 아마존은 전 세계에서 가장 성공한 회사 중 하나가 됐다. 우리는 함께 미친 짓을 했고, 그 미친 짓은 정상(normal)이 됐다."

아마존닷컴의 설립자이자 CEO로서 아마존을 세계 최고기업의 반열에 올려놓은 제프 베이조스가 물러나며 남긴 말이다.

세상을 뒤집어 놓을 아이디어도 처음에는 온통 허황돼 보인다. 개인이 집에 컴퓨터를 가지고 있을 이유가 없다고? 1977년 세계 미래회의 컨벤션에서 나온 얘기다. 발언의 주인공은 놀랍게도 당시 컴퓨터 산업을 주도했던 디지털이큅먼트사의 창업자 켄 올젠 사장. 비디오는 출시 6개월이 지나면 시장에서 외면받을 것이라 큰소리쳤던 20세기폭스사의 대릴 자눅 회장도 있다. '영화가 있는데 어디 감히 비디오 따위가?!'라는 의미였으리라. 전 세계 컴퓨터 시장 규모는 기껏해야 5대 정도에 불과할 거라 장담했던 토마스 왓슨 IBM 이사회 의장은 또 어떤가. 1895년 영국 왕립학회 로드 캘빈 회장의 발언도 빼놓을 수 없다. 공기보다 더 무거우면서 날아다니는 기계를 만드는 것은 불가능하다 했으니 말이다.

전문가들마저 이처럼 혁신의 씨앗을 깎아내리고 조롱한다.

뻣뻣해서다. 유연하지 못해서다. 차가운 광장에 나와 미래를 껴안아야 하는데 뜨듯한 과거의 골방에 틀어박혀 있으니 생겨나는, 웃지 못할 소극이다. 낡은 것을 바꾸거나 고쳐서 아주 새롭게 함. 혁신의 정의다. 안주하는 이들에게 혁신은 성가신 일이다. 지금도 큰 문제 없이 잘살고 있는데 뭔가를 바꾸어야 한다고 하니 그게 외려 불편한 거다.

'네모난 바퀴'를 단 수레를 땀 뻘뻘 흘리며 끌고 미는 사람에게 '동그란 바퀴'를 알려줬더니 "노 땡큐(No, thank you)"라며, 신경 꺼달라는 식이다. 혁신을 알아볼 안목이 없는 거다. 내공이 부족해서다.

일찍이 노자는 이런 현실을 정확히도 짚었다. 상사문도 근이행지(上士聞道 勤而行之) 중사문도 약존약망(中士聞道 若存若亡) 하사문도 대소지(下士聞道 大笑之) 불소부족이위도(不笑不足以爲道). 최고의 선비는 도를 들으면 성실히 실천한다. 중간 수준의 선비는 긴가민가하다. 낮은 수준의 선비는 도를 들으면 크게 웃어넘기니, 이런 이들이 비웃지 않는다면 오히려 도라 하기에 부족하다. 핵소름이다.

이천여 년이 지난 지금에 갖다 놓아도 이질감이 전혀 없는 얘기다. 고전의 힘이다. 이래서 고전, 고전, 하나 보다.

우리 뇌는 한없이 게으르다. 습관에 의존한다. 새로운 시도를 위험으로 간주한다. 답습이 반복되는 이유다. 혁신하려면? 생각이 열쇠다. 생각이란 통념과 관습에의 도전이다. 어제의 나로부터의 탈피다. 새로운 경험을 위한 용기다. 막연한 믿음에서 벗어나야 한다. 질문해야 한다. 의심해야 한다. "다른 사람이 쓴 것을 믿지 않고 내 머리로 생각해서 이해될 때까지 연구한다. 내 손으로 검증하지 않은 연구는 내 것이 아니다." 2018년 노벨생리의학상을 받은 일본 의학자 혼조 다스쿠 박사의 말이다.

대방무우 대기면성 대음희성 대상무형(大方無隅 大器免成 大音希聲 大象無形). 사각형은 모서리가 있지만, 정말 커다란 사각형은 모서리를 찾을 수 없다. 그릇은 완성된 형태가 있지만, 정말 커다란 그릇은 아직도 만들어지는 중이니 완성이 없다. 음은 소리가 나게 마련인데, 정말 큰 음은 소리가 나지 않는다. 형상은 모습이 있게 마련이나, 정말 큰 형상은 모습이 드러나지 않는다. '무한대(無限大)'의 개념이다. 우물 안에 갇혀 '손바닥 하늘'만 쳐다보는 이로서는 이해할 수 없는 경지다. 모서리가 없다며 사각형이 아니라 하고, 완성된 모양이 없으니 그릇이 아니라 한다. 들리지 않는다며 소리가 아니라 하고, 보이지 않는다며 형상이 아니라 한다. 부처님 손바닥 안 보통 사람과 속인의 모습이다. 아는 만큼 보이는 법인데 알지를 못하니 볼 수가 없다. 청맹과니가 따로 없다.

주어진 시험문제를 잘 푼다고 새로운 이론을 펼쳐낼 수 있는 게 아니다. 과거의 지식과 경험에 갇혀서는 미래의 변화를 포용할 수 없다. 홀로 서야 한다. 상식으로부터의 독립이다. 끊어내야 한다. 과거와의 단절이다. 독립불구 둔세무민(獨立不懼 遁世無悶)이라 했다. 홀로 서 있어도 두려워하지 않고, 세상과 떨어져 있어도 걱정하지 않는다는 뜻이다. 독립해야 안 보이던 게 보이고, 단절해야 안 들리던 게 들린다. 시선의 높이가 올라가야 생각의 깊이가 더해진다. 혁신은 그렇게 잉태된다.

1896년 제1회 아테네 올림픽. 100m 달리기에 출전한 선수 하나가 눈길을 끌었다. 다들 덩그러니 서서 달리기 출발을 하던 시절, 토마스 버크는 두 손을 땅에 대고 웅크리고 앉았다. 무게중심을 낮춰 순간속도를 최고치로 높일 수 있는 자세였다. 힘차게 박차고 나갈 수 있어 추진력을 극대화할 수 있는 자세였다. 사람들은 비웃었다. 손가락질했다. 토마스 버크는 100m와 400m, 두 종목에서 금메달을 차지했다. 웅크린 자세로 출발하는 '크라우칭 스타트(crouching start)'는 이후 육상 단거리 출발의 표준이 됐다.

왜 손으로 벽을 짚고 턴(turn)을 해야 하지? 기존의 관습에 반기를 든 소년은 발로 턴을 했다. 오던 속도가 줄어들지 않고 추가적인 힘을 받으니 속도가 더 붙었다. 수영에서의 '플립 턴(flip turn)' 이야기다. 1936년 베를린 올림픽, 열일곱 살의 소년 아돌프 키에프는 그렇게 배영 금메달을 땄다. 이후 누구도 손으로 턴하지 않는다. 모두가 발로 턴한다. 수영 역사상 커다란 혁신이었다.

스포츠 분야에서의 또 다른 혁신 사례는 높이뛰기에서의 '포스베리 플롭(Fosbury flop)'이다. '가슴 뛰기'와 '가위뛰기' 자세로 바를 넘는 게 상식이던 시절이었다. 포스베리는 생각했다. "이게 최선인가? 더 나은 방법은 없을까?" 뒤로 눕는 듯, 가슴이 아닌 등으로 바를 넘었다. '배면뛰기'였다. 포스베리는 배면뛰기로 세계 최초로 2m의 벽을 훌쩍 넘어버렸다. 모두가 이상하다 여겼던 배면뛰기는 높이뛰기의 오늘날 표준이다.

'새로운 다름'을 위한 최초의 생각과 실천. 그게 혁신이다. 관행적 시선은 혁신의 목을 조른다. 새 술은 새 부대에 담듯 새로운 시선이라야 혁신을 보아낼 수 있다. 세상 변화에 아랑곳하지 않고 옛날 방식을 고집하다 스러져 간 수많은 기업의 사례는 손으로 꼽기도 벅차다. 주류였던 과거의 혁신은 새로운 혁신으로 무장한 비주류에 의해 밀려난다. 상시적 혁신이 필요한 이유다.

"만약 당신이 다수에 속해 있다는 걸 깨달았다면, 변화할 때다."

'미국 문학의 아버지'라 불리는 작가, 마크 트웨인이 우리에게 던지는 경고다.

《도덕경》 41장은 이렇게 끝을 맺는다. 도은무명 부유도 선대차성(道隱無名 夫唯道 善貸且成). 도는 숨어 있어 이름이 없다. 그런데도 오직 도만이 만물을 도와 일이 이루어지게 한다. 자연의 존재와 운행에 도가 있다면 일과 삶의 경영에는 혁신이 있다. 혁신은 우리 일상 곳곳에 숨어 있어 잘 드러나지 않는다. 그런데도 오직 혁신만이 세상에 새로운 가치를 더해준다. 혁신 또 혁신할 일이다.

노자의 한 마디

사문도 근이행지(上士聞道 勤而行之) 중사문도 약존약망(中士聞道 若存若亡) 하사문도 대소지(下士聞道 大笑之) 불소부족이위도(不笑不足以爲道).

최고의 선비는 도를 들으면 성실히 실천한다. 중간 수준의 선비는 긴가민가하다. 낮은 수준의 선비는 도를 들으면 크게 웃어넘기니, 이런 이들이 비웃지 않는다면 오히려 도라 하기에 부족하다.

대교약졸(大巧若拙)의 지혜에서 생존을 배우다

최고의 경지는 오히려 어설퍼 보인다

극강의 A는 오히려 A 같지 않다는 '大(A)若(-A)' 문장 형식은 노자의 시그니처이다. 최고의 경지는 오히려 어설퍼 보인다는 의미를 담는다. 《도덕경》 45장. 대성약결 기용불폐(大成若缺 其用不弊). 제대로 완성된 것은 오히려 결함이 있는 듯 보인다. 그런데도 작동에는 아무런 문제가 없다. 대영약충 기용불궁(大盈若沖 其用不窮). 완전히 가득 채워지면 오히려 비어있는 듯 보인다. 하지만 쓰임에는 다함이 없다. 다음 문장이 하이라이트다. 대직약굴 대교약졸 대변약눌(大直若屈 大巧若拙 大辯若訥). 아주 제대로 곧은 것은 굽은 것처럼 보인다. 최고의 기교는 오히려 서툴러 보인다. 가장 뛰어난 언변은 오히려 어눌한 듯 보인다. 우리에게도 낯이 익은 문구들. 특히 대교약졸이 그러하다.

경영의 측면에서 얻을 수 있는 통찰은 세 가지다. 먼저 개인 성찰의 측면이다. 빈 수레가 요란한 법이다. 알량한 지식을 자랑하기 바쁜 이들은 초심자다.

수련이 깊어지면 무게가 더해진다. 내공이 깊어진다. 교만함이 없어 뽐내지 않는다. 자신을 드러내지 않는다. 없는 듯 있으니 사람들은 몰라본다. 대교약졸의 경지다.하지만 주머니 속 송곳은 드러나게 마련이다. 재능이 뛰어나거나 출중한 사람 역시 절로 드러난다. 말이 없는 복숭아나무와 살구나무지만 아름다운 향기로 인해 그 밑에 절로 길이 나는 것과 같은 이치다. 고수는 태산처럼 깊고 무겁다. 사람 잡는 건 늘 그렇듯 언제나 선무당이다. 대교약졸에서 자중자애를 읽는다.

짐 콜린스가 저서 《좋은 기업을 넘어 위대한 기업으로(Good to Great)'》에서 소개했던 여우와 고슴도치 이야기도 맥이 닿아 있다. 여우는 교활하다. 아는 게 많다. 고슴도치는 반대다. 움직임도 그렇고, 덜 떨어져 보인다. 고슴도치를 공격하려는 여우는 복잡한 전략을 궁리하며 완벽한 순간을 기다린다. 마침내 공격! 하지만 승리는 고슴도치의 것이다. 특별한 것 없다. 그저 몸을 말아 동그란 가시 공으로 변신하면 끝이다. 발만 동동 구르던 여우는 이내 포기한다. 아둔해 보이지만 제대로 된 방어기술을 가진 고슴도치는, 고만고만한 수십 가지의 공격기술을 가진 여우보다 고수다. 나는 과연 여우인가, 고슴도치인가?

두 번째는 혁신의 측면이다. 혁신에는 두 가지가 있다. '존속적 혁신(Sustaining Innovation)'과 '파괴적 혁신(Disruptive Innovation)'이다. 더 나은 성능을 원하는 고객을 대상으로 기존의 제품과 서비스를 개선하여 더 높은 가격에 제공하는 전략. 존속적 혁신이다. 하지만 과유불급. 개선에 매몰된 주류기업들은 급기야 오버(over)스펙을 빚어낸다. 원한 적도 없는 불필요한 기능들이 붙으면서 가격만 비싸지니 고객들의 입이 이만큼 나온다.

리딩기업들이 외면했던 고객층 역시 불만은 매한가지다. 자원이 적은 파괴적 혁신기업은 이 틈을 비집고 들어간다. 리딩기업이 간과했던 고객층을 겨냥해 적절한 기능을 저렴한 가격에 제공한다. 값싸고 단순한 제품(혹은 서비스)으로 시장 밑바닥을 공략하는 전략이다.

리딩기업은 신경 쓰지 않는다. 어차피 부가가치가 낮은 영역이었다. 하지만 시장은 생물이다. 하위시장에 무사히 안착한 후발주자는 다양한 혁신 활동을 통해 기존의 강점을 유지하면서 상위시장으로 영역을 확장한다. 주류 시장의 하이엔드 유저를 겨냥한 행보다. 리딩기업들이 보유했던 기존 시장은 이렇게 파괴된다. 파괴적 혁신 개념의 골자다.

대표적인 사례는 인터넷 전화다. 초기 인터넷 전화는 가격은 저렴했지만, 통화 품질이 엉망이었다. 유선전화를 쓰던 주류 고객들은 인터넷 전화를 쳐다보지도 않았다. 일부 초기 사용자만 쓰던 인터넷 전화는 혁신을 거듭한다. 문제가 되던 통화 품질이 나아지니 가격 저렴한 인터넷 전화를 안 쓸 이유가 없다. 유선전화 가입자 수의 급격한 감소는 당연지사다.

디지털카메라도 있다. 초기 디지털카메라는 해상도가 낮았다. 저장에도 시간이 오래 걸렸다. 하지만 시간은 디지털카메라의 편이었다. 저장매체가 개발되고 센서 기술이 발전했다. 디지털카메라는 개선된 아날로그 카메라가 아니었다. 필름을 대체해버린 '파괴적 기술'에 시장은 열광했다. 더 좋은 필름을 만드는 '존속적 기술'에 치중했던 코닥이 나락으로 떨어진 이유다.

처음에는 엉성했다. 단점이 많았다. 기존 주류기업들은 무시했다. 비웃었다. 숨어 있던 파괴적 혁신의 폭발적 잠재력을 못 보았기 때문이다. 어설퍼 보이고 우스워 보인다고 무시해선 안 된다. 대교약졸의 두 번째 교훈이다. 디지털로 인한 역량 파괴적 환경변화(competence-destroying change)의 세상이기에 더욱 그러하다.

필수적인 기능만 넣어 저렴한 가격에 판매함으로써 전 세계 스마트폰 시장의 다크호스로 급부상한 샤오미. 연체료 없이 월

구독료를 받으며 비디오와 DVD를 우편으로 대여해줌으로써 시장의 절대 강자 블록버스터를 벼랑으로 밀어붙인 넷플릭스. 이들 역시 기존 방식의 점진적 개선이 아니라 기존 방식의 파괴를 통한 새로운 차원의 혁신을 선택한 기업들이다.

마지막은 조직문화 측면이다. 조직마다 규정이 넘쳐난다. 사규는 빼곡하고, 업무 편람은 두툼하다. '이럴 때는 이렇게 해야 한다, 저럴 때는 저렇게 해야 한다.' 상황별로 빡빡한 지침들이 물 샐 틈 없어 보인다. 하지만 열 사람이 도둑 하나 못 당한다. 아무리 완벽한 규정도 빈틈이 있게 마련이다. 누구도 내 일이라 생각하지 않는 일들이 업무의 사각지대에 차곡차곡 쌓인다. 규정이 아무리 철저해도 작정하고 일 안 하려 들면 막을 방법이 없다.

해결책? 열정 넘치는 직원들의 주인의식이다. 하지만 그놈의 규정이 직원들을 좀비로 만든다. 이럴 때는 이렇게, 저럴 땐 저렇게. 시키는 대로 그저 따르라 하니 뜨겁던 열정도 싸늘하게 식어버린다. 책임을 정해주면 딱 거기까지다.

차량공유 기업에서 금융기업으로 거듭나고 있는 그랩의 창업자 앤서니 탄도 얘기했다.

"우리 회사엔 'YPIMP'이라는 표현이 있다. 'Your problem is

my problem(너의 문제가 내 문제다)'을 줄인 말이다. 사실 '너의 문제가 나의 문제'라는 건 '너의 성공이 나의 성공(Your success is my success)'이라는 말과 같은 뜻이다."

잡다한 규정으로 두꺼운 책을 만들어봐야 기업의 성과에는 별 소용이 없다. 중요한 건 조직문화다. 그러고 보니 우리가 정말 알아야 할 모든 것은 유치원에서 다 배웠다 싶다. 해가 밝게 떠 있으면 촛불은 필요 없는 법이다.

노자의 한 마디

대직약굴 대교약졸 대변약눌(大直若屈 大巧若拙 大辯若訥).

아주 제대로 곧은 것은 굽은 것처럼 보인다. 최고의 기교는 오히려 서툴러 보인다. 가장 뛰어난 언변은 오히려 어눌한 듯 보인다. 하늘이 쳐놓은 그물은 크고 성글어 보인다. 하지만 결코 그 그물을 빠져나가지 못한다. 대교약졸의 통찰 역시 피해갈 수 없다. 세상 모든 걸 덮고도 남는다.

빨리 가려면 혼자, 멀리 가려면 함께

협업과 연결 : 플랫폼에 주목하라

역대 외국영화 최고 관람객수를 기록한 <아바타>를 넘어섰다. 1,400만명이 보았으니 가히 열풍, 아니 태풍이었다. 2019년 개봉했던, 수퍼히어로 영화 <어벤져스 : 엔드게임> 얘기다. 어벤져스 이야기로 글을 시작한 이유? '협력' 얘기를 하고 싶어서다.

지금껏 히어로 영화의 주인공은 하나였다. 슈퍼맨이 그랬고, 배트맨이 그랬고, 원더우먼이 그랬고, 스파이더맨이 그랬다. 지금은 아니다. 하나가 아니라 떼로 몰려나온다. 전혀 다른 스타일의 영웅들이 저마다의 무기와 능력으로 합을 맞춘다. 아이언맨을 비롯하여 캡틴 아메리카, 토르, 헐크, 호크아이, 블랙위도우

등 주연급 캐릭터들이 총출동하는 어벤져스는 그 결정판이다.

지금껏 역사 발전의 견인차는 '경쟁'이었다. 자원은 늘 희소하다. 소수만 누릴 수 있으니 자원을 차지하기 위한 경쟁은 필연이다. 생존을 위한 경쟁이니 필사적일 수밖에. 원시시대부터 이어져 내려온 경쟁의 DNA다. 그런 경쟁을 통해 세상은 발전했다. 남들에게 뒤처지지 않겠다는 생각이, 남들을 앞지르겠다는 생각이 성장의 원동력이었다.

하지만 한계효용 체감의 법칙은 세상만사 어김없이 작동한다. 발전의 원동력이었던 경쟁도 일정 수위를 넘어서니 부작용이 생긴다.

첫째가 '망각'이다. 무엇을 위한 경쟁인지 잊어버리는 거다. '이기는 것'에만 혈안이 되니 수단과 방법을 가리지 않는다. 이유도 모른 채, 이기려고만 하니 방향이 흔들린다. 목적지를 잃은 여행과 다를 바 없다. 속도에만 매몰돼 방향을 잃어버린 격이다.

둘째는 '상실'이다. 주어진 경쟁환경에 맞춰 살다 보니 내 삶에 내가 없다. 남을 이기기 위한 경쟁의 틈바구니에서 하릴없이 발버둥을 쳐보지만, 늪이다. 내 고유의 색깔과 결은 사라지고 나는 점점 가라앉는다. '자기상실'이다. 나를 잃어버린 내 삶이 행복할 리 만무하다. 일견 성공한 것처럼 보이는 사람들의 정신적 공허함이 빚어내는 각종 사건사고들이 끊이지 않는 이유다.

그래서 정답은 '협력'이다. 작금의 시대정신을 표현하는 열쇳말이 무엇이냐 묻는다면 말이다.

경영자문 건으로 만났던 어느 CEO. 미팅 내내 그는 잘 나가는 경쟁사를 언급했다. 어떻게든 발목을 잡아 그 자리에서 끌어내리겠다고 언성을 높였다.

"그 회사가 안 되는 것과 우리가 잘 되는 것은 아무 상관이 없습니다. 우리만의 차별적 가치를 만드는 게 핵심입니다."

적개심 가득한 그의 눈은 내 말을 애써 외면했다. '분노의 경영'이다. 올림픽이 금메달을 위해 존재하는 게 아니듯 경영의 목적 또한 경쟁사 타도가 아니다.

내가 가진 자원과 역량으로 세상을 조금이나마 더 좋은 곳으로 바꿔놓겠다는 생각이 경영의 뿌리다. 사장의 그런 철학에 직원은 마음을 열고, 고객은 지갑을 연다. 행복한 직원들과 함께, 행복한 고객을 만들며, 행복한 성공을 빚어내는 방법이다.

핏대 높여 경쟁사 타도만 외치던 그 CEO는 과연 그의 바람대로 경쟁사를 꺾고 분을 풀었을까? 토끼와 거북이의 경주가 떠올랐다. '상대'만 쳐다본 토끼가 '목표'를 바라본 거북이에게 결국 무릎을 꿇었던 얘기 말이다.

뽕나무밭이 변해 푸른 바다가 되듯 세상은 시시각각 변한다.

'경쟁'을 통한 '독점'의 메커니즘이 이제는 오답일 수 있음을 알아야 한다. 다양한 능력과 다양한 개성을 가진, 다양한 플레이어들이 빚어내는 '협업'과 '연결'이 시대적 화두다. 공동의 목표를 향해 서로 도우며 함께 달리는 거다. 승자가 모든 걸 독식하던 세상의 종언이다. 플랫폼이 뜨는 이유다.

사용자와 공급자가 함께 만나 유휴자원의 활용을 기반으로 시장의 효율화를 이루어내는 장(場). 플랫폼의 정의다.

관련이 있는 여러 그룹을 하나의 장(場)으로 불러모아 관계 형성이나 고객 모집 등 다양한 기능을 제공하고 검색이나 광고 등의 제반 비용을 줄여주어 입소문과 같은 네트워크 효과를 창출함으로써 참여자 모두에게 새로운 가치를 제공하는 거다.

현금 혹은 수표를 항상 들고 다녀야만 했던 고객의 불만사항과 신규고객 확보와 결제간소화라는 식당의 희망사항을 한 방에 해결한 다이너스클럽의 신용카드 역시 알고 보면 플랫폼이다. 요컨대, 혼자서 북 치며 장구까지 쳐야 했던 게 과거의 비즈니스 모델이라면, 꽃은 벌에게 먹이를 제공하고, 벌은 꽃의 번식을 도와주는 비즈니스 모델, 이게 플랫폼인 거다. 플랫폼 참여자로서 오늘을 살아가는 우리는 서로가 서로에게 호혜적 파트너인 셈이다.

플랫폼 시대의 경쟁은 개인 대 개인의 경쟁이 아니다. 팀 대 팀의 경쟁이고, 네트워크 대 네트워크의 경쟁이다. 앱스토어를 중심으로 한 애플 생태계와 구글의 안드로이드 생태계가 대표적인 사례다. 혼자 살겠다는 게 아니라 협력을 통한 상생을 꿈꾸는 제휴의 네트워크다.

항공업계도 이에 발맞춰 재편 중이다. 싱가포르항공, 루프트한자 등 40개 항공사로 구성된 항공사 동맹 '스타얼라이언스'나 영국항공, 핀에어 등 13개 항공사로 구성된 '원월드', 대한항공과 에어프랑스 등 20개 항공사가 멤버인 '스카이팀' 등 개별 항공사들은 저마다의 네트워크에 참여함으로써 연대하고 협력한다. 그래서 상생은 곧 연대이고, 연대는 곧 협력이다. 파편화됐던 개인이 플랫폼을 통해 연결되니 생겨나는 무게중심의 이동이다.

빨리 가려면 혼자 가고 멀리 가려면 함께 가라 했다. 독불장군처럼 그저 힘으로만 제압하려 하다가는 낙동강 오리알 신세다.

이도좌인주자 불이병강천하 기사호환(以道佐人主者 不以兵強天下 其事好還). 도(道)로써 군자를 보좌하는 사람은 무력을 써서 천하를 강제하지 않는다. 그랬다가는 반드시 대가를 치른다. 사지소처 형자생언 대군지후 필유흉년(師之所處 荊棘生焉 大軍之後 必有凶年). 군대가 머무른 곳에는 가시나무가 생겨나고 대규모 군대가 지나간 후에는 반드시 흉년이 든다. 《도덕경》 30장이다.

이천 년 전 노자의 통찰이 작금의 비즈니스 현장을 꿰뚫는다. 플랫폼이 딱 그렇다. 강압이나 무력으로 되는 일이 아니다. 모든 참여자의 성장과 발전이 고루 담보되지 않는 플랫폼은 소멸할 수밖에 없다. 누군가만 누리고, 누군가만 당한다면, 그건 이미 플랫폼이 아니다. 그래서 협의하고 중재하며, 그래서 양보하며 조정하는 거다.

과이물긍 과이물벌 과이물교(果而勿矜 果而勿伐 果而勿驕). 성과를 만들어내고도 자랑하지 않으며, 성과를 만들어내고도 뽐내지 않으며, 성과를 만들어내고도 거드름 피우지 않는다. 과이부득이 과이물강 (果而不得已 果而勿強). 성과를 만들어내고도 모든 걸 취하려 하지 않고 이내 멈춘다. 성과를 만들어내고도 강함을 드러내지 않는다. 상생과 협력의 플랫폼 세상을 살아가는 우리에게 노자가 주는 지혜는 이토록 크고 깊다.

경쟁의 영어 단어 'competition'의 어원은 라틴어 'competere'다. '함께'라는 의미의 'com'과 '추구하다'라는 의미인 'petere'가 합쳐진 단어다. 그대로 옮기면 '함께 노력한다'는 뜻이다. 다른 사람을 누르고 이긴다는 의미가 아니다. 경쟁만이 능사가 아니다. 승부가 망쳐놓은 세상을 치유해주는 새로운 대안이 필요하다. 바로 협력이다. 시나브로 협력의 세상이고, 바야흐로 협력의 시대다.

노자의 한 마디

이도좌인주자 불이병강천하 기사호환(以道佐人主者 不以兵強天下 其事好還).

도(道)로써 군자를 보좌하는 사람은 무력을 써서 천하를 강제하지 않는다. 이천 년 전 노자의 통찰이 작금의 비즈니스 현장을 꿰뚫는다. 모든 참여자의 성장과 발전이 고루 담보되지 않는 플랫폼은 소멸할 수밖에 없다.

PART 3
성찰

고객과 직원의
행복을 꿈꾸는 사장에게

화가는 그렇게 바다가 되었다

무위해야 천하를 얻을 수 있다

장면 하나. 바다 그림을 그리기 위해 어느 바닷가를 찾은 화가. 너무나 아름다운 해변의 풍광에 반한 그는, 생각 끝에 들었던 붓을 내려놓는다. 그저 바다를 보았고, 그저 바다를 들었고, 그저 바다를 느꼈다. 바다의 풍경을 화폭이 아니라 맘속에 담았다. 화가의 그 모습까지 더해져 바다는 더 멋지고 근사한 풍경을 빚어냈다. 화가는 그렇게 바다가 됐고, 바다는 그렇게 화가가 됐다.

장면 둘. 아이가 유치원 다닐 때였다. 몇 달간 지지고 볶으며 연습해서 마련된 꼬마들의 재롱잔치. 일찌감치 도착해서 스마트폰을 집어 들고 촬영모드로 돌입했다. 아이의 일거수일투족을 카메라에 담았다. 그런데 웬걸, 카메라에 아이 모습을 담기 바빠 정작 내 눈에는 아이를 제대로 못 담았던 것. 살아 숨 쉬는 날 것 그대로의 아이 움직임 대신 카메라 렌즈로 걸러진 허상만 쳐다보고 있었던 거다.

지혜로운 화가에 대비된 나의 아둔함이 부끄럽다. 언제일지 모를 다음을 위해 현재를 챙겨두려는 욕심 때문에 눈앞의 실재를 놓쳐버린 꼴이다. 가짜만 남고 진짜는 사라진 거다. 가짜를 위해 진짜를 희생한 거다. 무심히 흘러가는 시공간에 함께 녹아들지 못해 생긴 일이다.

누군가는 끊임없이 더하고 채운다. 누군가는 끊임없이 비우고 덜어낸다. 더하고 채우면 가득 찰 줄 알았는데, 그 반대다. 비우고 덜어내야 제대로 채워지는 법이다. 《도덕경》 48장에서 노자는 비움과 덜어냄을 갈파한다.

위학일익 위도일손(爲學日益 爲道日損). 배움을 행하면 날마다 더해진다. 도를 행하면 날마다 줄어든다. 손지우손 이지어무위(損之又損 以至於無爲). 덜어내고 또 덜어내면 결국 무위의 경지에 이르게 된다.

무위(無爲)해야 하는데, 우리는 반대로 치달린다. 유위(有爲)한다. 있는 그대로를 가만두고 보지를 못 한다. 의도를 가지고 자꾸 개입한다. 나와 나를 둘러싸고 있는 세상에 대한 이분법적 구분 때문이다. 나는 주체이고 너는 객체라는, 지극히 자기중심적인 기준 때문이다. 나를 중심에 둔, 너와 나의 구분이고, 이것과 저것의 구분이다. 나를 중심에 둔, 해와 달의 구분이고, 바람과 비의 구분이다. 나를 중심에 둔, 높고 낮음의 구분이고, 많고 적음의 구분이다.

우리가 지식을 배우고 익히는 이유? 높이 쌓기 위해서다. 다양한 정보와 경험을 축적하여 하늘에 닿기 위해서다. '나의 확장'이 목표인 거다. 그래서 학문을 한다는 것은 뭔가를 더해가는 과정이다.

과거로부터 누적돼 온 지식을 내 머릿속에 채워 담는 행위인 거다. 하지만 노자는 그 너머를 이야기한다. 자그마한 컵으로 바닷물을 퍼 담아봐야 광대한 바다를 아우를 수 없어서다. 이것과 저것을 구분하는 인간의 얕은 지식 체계로는 세상 만물의 원리를 모두 다 품어 안을 수 없어서다.

그렇다면 바다를 아우르는 가장 좋은 방법은? 바다와 하나가 되는 거다. 세상을 품어 안는 가장 좋은 방법도 다르지 않다. 세상과 하나가 되는 거다. 비결은? 비움이다. 지식을 높게 쌓아 하늘까지 도달하려는 게 학문의 목적이라면, 내 속의 아집을 비워 하늘의 섭리를 받아들이는 게 도를 행하는 목적이다. 비우고 덜어내어 하늘과 하나가 되는 거다. 노자가 구분의 지식 대신 포용의 지혜를 강조했던 이유다. 비움으로써 껴안는 것이고, 껴안음으로써 하나가 되는 거다. 비움은 그래서 '하나 됨'이다.

한 알의 소금 알갱이와 한 컵의 물이 있다. 소금은 소금이요, 물은 물이다. 구분이다. 소금 알갱이가 물속으로 들어간다. 서서히 물에 녹는다. 급기야 형체도 없이 사라진다.

나를 비운 거다. 나를 버린 거다. 하지만 소금은 없어진 게 아니다. 소금은 이제 물이다. 물은 이제 소금이다. 물에서 짠맛이 나서다. 소금은 나를 비우고 덜어내어 물을 감싸 안았다. 그렇게 물이 됐다. 소금으로서 물 위에 군림하는 게 아니다. 물로 스며들어 물과 하나가 된 것이다. 진정한 '나의 확장'이다. 이게 무위다.

조직의 새로운 리더로 승진발령을 받은 A. 그는 자신의 능력을 만천하에 보여주고 싶다. 급선무는 조직의 환골탈태다. 지금의 모습으로는 성과를 낼 수 없다. 이것도 고쳐야 하고, 저것도 고쳐야 한다. 모든 걸 다 바꾸어야 한다. 마음이 급하다.

직원들에게도 역설했다. 지금 이 대로라면 희망이 없다고. 하지만 조직은 바뀌지 않는다. 요지부동이다. 리더인 A가 유위해서다. 유위하는 리더는 군림한다. 명령한다. 지시한다. 간섭한다. 통제한다.

"조직은 성과를 내기 위한 나의 도구일 뿐이야. 그러니 암 덩어리는 도려내야 해. 좀 아프겠지만 새 살이 돋을 거야. 그게 혁신이지."

A의 생각이다. 안타깝지만 오산이다. 나를 주체로, 너를 객체로 구분해서다. 혁신은 찍어 누른다고 되는 게 아니다. 절로 넘쳐 흐를 때 혁신은 만들어진다. 한 방향을 바라보며 영혼 모아 움직이는 조직을 만들고 싶은 리더라면 새겨야 할 포인트다.

사람의 마음은 수학 공식처럼 똑똑 떨어지지 않는다. 메시지도 중요하지만 톤앤매너 역시 중요하다. 명령하는 이에게는 반발해도 부탁하는 이에게는 마음을 여는 법이다. 녹아들어야 한다. 스며들어야 한다. 자신의 존재감을 누르는 거다. 비우고, 버리고, 덜어내고, 내려놓는 거다. 그래야 품을 수 있다. 그래야 하나가 될 수 있다. 리더는 점령군 사령관이 아니다. 리더와 팔로워는 한마음이어야 한다. 소금 알갱이가 사장에게 주는 교훈은, 그래서 울림이 크다.

이쯤 되면 여기저기서 질문이 나온다. 사장이 비우고 버리면 조직이 살아나냐? 물론이다. 카리스마로 무장한 리더가 모든 걸 좌지우지하던 시대는 저물었다. 세상 문명의 표준이 바뀌는 작금의 세상, 사장은 더 이상 답을 주는 사람이 아니다. 사장은 질문하는 사람이다. 사장이라고 모든 걸 다 알 수가 없는 세상이라서다. "내가 해봐서 아는데…" 과거에 매몰된 '꼰대리더'의 이런 생각이 조직을 망친다. 전문적인 역량으로 무장한 직원들이 저마다의 분야에서 최고의 성과를 올리게 지원하고 도와주는 사람, 그가 바로 사장이다.

노자 얘기도 이를 뒷받침한다. 취천하상이무사(取天下常以無事). 항상 무사(無事)해야 한다. 그래야 천하를 얻을 수 있다. 무사는 무위의 다른 표현이다. 억지로 일을 꾸미지 말라는 얘기다. 작위적인 나의 의도를 개입시키지 말라는 얘기다. 맥락 없는 지시는 튕겨 나오게 마련이다. 존중과 공감을 통해 이해를 시켜야 한다. 그래야 마음이 움직이고 영혼이 움직인다. 급기유사 부족이취천하(及其有事 不足以取天下). 자라게 해주면 되는 건데, 자꾸 키우려 한다. 그래서는 천하를 얻을 수 없다.

"개미는 두령도 없고 감독자도 없고 통치자도 없되 먹을 것을 여름 동안에 예비하며 추수 때에 양식을 모으느니라."

잠언 6장에 나오는 말씀이다. 여기에도 무위의 진리가 녹아 있다. 아무런 지시와 통제가 없어도 개미는 스스로 움직인다. 이런 조직이 강한 조직이다. 키워드는 '렛잇비(Let It Be)'다. 스스로 그러하게 둬야 한다.

규칙과 규정은 '스스로 그러함'을 억누르는 장치다. 복종의 조직에는 영혼이 없다. 혁신도 없다. 리더라면 나를 비우고, 나를 버리고, 나를 덜어내고, 나를 내려놓아야 한다. 보이는 것을 그저 보는 거다. 들리는 것을 그저 듣는 거다. 주체와 객체의 경계를 지우고 오롯이 함께 하는 거다. 그러한 과정을 통해 나는 사라지고, 나는 우리가 된다. 무위, 무사, 무심이란 그런 거다.

노자의 한 마디

급기유사 부족이취천하(及其有事 不足以取天下).

자라게 해주면 되는 건데, 자꾸 키우려 한다. 그래서는 천하를 얻을 수 없다. 성인상무심 이백성심위심(聖人常無心 以百姓心爲心). 성인은 항상 무심하다. 나의 마음을 고집하지 않는다. 백성의 마음을 나의 마음으로 삼는다. 성인이 성인인 건 그래서다. 무위이무불위(無爲而無不爲), 희미하나마 이제서야 이해가 된다. 무위하면 못할 일이 없다.

누구든 시작할 수 있지만 누구나 멈출 수는 없는 이유

오늘의 나로 다시 태어나려면 어제의 나를 죽여야 한다

춘추전국 시대, 월왕 구천에 의해 죽은 아버지 합려의 원수를 갚기 위해 오왕 부차는 절치부심했다. 딱딱한 장작 위에 누워 잠을 자면서 패배의 치욕을 되새겼다. 와신(臥薪)이다. 결국, 구천에게서 항복을 받아낸 부차. 후환을 없애기 위해 구천을 사살하려는데, 다행히 구천에게는 범려라는 명재상이 있었다. 범려의 계책으로 무사히 풀려난 구천, 복수의 일념으로 매일 쓰디쓴 쓸개를 핥는다. 상담(嘗膽)이다.

몇 년 후 세상은 바뀌어 다시 구천의 승리. 모든 것이 이루어진 이 시점에서 월왕 구천의 절대공신이었던 범려는 세속의 부귀와 명예를 버리고 홀연히 떠난다. 떠나기 직전, 오랜 시간 함께 고생했던 대부 문종에게 충언한다.

"월왕은 어려움은 함께할 수 있어도 부귀를 함께 누릴 만한 사람이 못 됩니다. 토끼 사냥이 끝나면 사냥개를 삶는 법이니 대부께서도 관직을 버리고 물러나십시오."

이 얘기를 흘려들은 문종은 구천에게서 자결을 명 받아 유명을 달리한다. 토사구팽의 고사다.

세상만사, 영원은 없다. 불멸도 없다. 시작이 있으면 끝도 있는 법이다. 그 끝을 어떻게 마무리하느냐에 따라 우리네 삶이 달라진다. 물러날 때를 알고 물러나는 사람은 그래서 아름답다. 토끼를 잡으면 사냥개의 운명은 다한 것이라는, 불편한 진실을 꿰뚫어 보아내야 하는 이유다.

노자도 이를 역설한다. 《도덕경》 9장에서다. '지이영지 불여기이(持而盈之 不如其已) 췌이예지 불가장보(揣而銳之 不可長保)'라 했다. 쌓아서 가득 채우는 것은 적당할 때 그만두는 것만 못하다. 날을 두드려 너무 날카롭게 만들면 곧 무뎌져 오래 가지 못한다. 이어지는 가르침이다.

'금옥만당 막지능수(金玉滿堂 莫之能守) 부귀이교 자유기구(富貴而驕 自遺其咎)'. 금과 옥이 집안에 가득하면 그걸 지키기가 어렵고, 부귀로 교만하면 스스로 재앙을 자초하게 된다.

과유불급. 지나치면 미치지 못함만 같다. 균형점을 찾아 거기서 그쳐야 한다. 이런 지혜를 사람들은 외면한다. 끝없이 채우려 들고, 끝없이 오르려 한다.

"어서 도시를 세우고 그 가운데 꼭대기가 하늘에 닿게 탑을 쌓아 우리 이름을 날려 사방으로 흩어지지 않도록 하자."

창세기 11장에 나오는 탐욕과 오만의 바벨탑이 지금도 세상 여기저기서 하늘을 향해 올라간다.

'시작'은 누구나 할 수 있다. 언제든 할 수 있다. '멈춤'은 다르다. 통찰의 이슈다. 상황을 입체적으로 바라보아야 한다. 종합적으로 살펴야 한다. 그래야 적절한 타이밍에 멈출 수 있다. 그런 통찰이 없으면 브레이크 없는 기관차가 따로 없다. 거칠 것 없으니 폭주한다. 종국에는 사달이 난다.

자기 분에 지나치지 않도록 멈출 줄 알아야 한다. '지지(知止)'의 깨달음이다. 성공하면 그 자리에 머물지 않는다는 진퇴의 미학이다. 성공의 정점에서 물러날 때를 생각했던 범려는 '지지'를 지렛대 삼아 문종과 달리 누구보다도 평화로운 말년을 누렸다.

《도덕경》 9장의 마지막 구절은 그래서 백미다. 공수신퇴 천지도(功遂身退 天之道). 공이 이루어지면 몸을 물리라는 거다. 그 자리에 머물지 말라는 거다. 그게 하늘의 도(道)라는 거다. 세상

만사, 극에 달하면 되돌아오고 가득 차면 저물게 마련이다. 자연의 섭리다. 해가 그렇고, 달이 그렇다. 늘 푸른 여름일 것 같지만 어느샌가 앙상한 겨울이다.

늘 가득 찬 보름일 줄 알았건만 어느샌가 텅 빈 그믐이다. 그러니 박수칠 때 물러나야 한다. 그 박수가 원망으로 바뀌는 건 한순간이다.

《도덕경》 9장이 사장에게 전하는 교훈은 '겸양'이다. 자신을 내세우지 않는 거다. 자랑하지 않고 사양하는 거다. 그쳐야 할 때를 알고 그치는 거다. 쉽지 않은 일이다. 알량한 능력을 넘어 웅숭깊은 인품이 필요한 대목이다.

리더십 관점에서의 또 다른 교훈은 '혁신'이다. 혁신은 무언가를 바꾸는 거다. 사업을 시작했을 때의 시스템을 경쟁에서 그대로 이용할 수는 없다. 바꾸려면 과거의 방식을 멈춰야 한다. 그래야 새로운 방식을 도입할 수 있다.

하지만 멈추지 못한다. 편해서다. 익숙해서다. 그러니 계속 간다. 어제의 나로 살면서 어제와 다른 오늘을 기대할 수는 없다. 오늘의 나로 다시 태어나려면 어제의 나를 죽여야 한다. 고통스러운 '자기부정'이다.

그래서 치열하게 경쟁하며, 생존하려고 애쓰는 사장들이 길을 찾기 위해서는 가죽을 벗기는 고통을 수반한다.

세계 최고의 필름회사였던 코닥의 몰락은 극적이다. '코닥 모먼트(kodak moment)'라 하여 '생애 최고의 순간'을 은유하는 의미로까지 쓰였던 코닥이다. 그랬던 코닥이 '코닥당했다(be kodaked)'. 세상의 변화에 맞춤하여 혁신하지 못하고 나락으로 떨어진 거다.

코닥을 수렁으로 밀어넣었던 디지털카메라를 세계 최초로 개발했던 기업이 코닥이란 사실은 극적인 반전이다. '아날로그 필름'을 버리지 못했던 코닥은, '디지털 이미징 솔루션 기업'으로 비상할 기회를 걷어차 버렸다. 그리고 이어진 파산 신청.

코닥과 쌍벽을 이뤘던 또 다른 필름회사가 있었다. 후지필름이다. 디지털카메라가 빚어낸 역량파괴적 환경변화에 후지도 예외일 수 없었다. 필름 매출은 급전직하했다. 하지만 후지의 대응은 코닥과 달랐다. 후지는 과거의 성공방식을 버렸다.

새로운 분야로 눈을 돌렸다. 화장품 사업이다. 필름과 화장품이 무슨 상관? 필름의 주원료는 콜라겐이다. 여기에 기존 기술을 접목해 피부재생 노화 방지 화장품을 개발했다. 관련 바이오 기업, 제약 기업들도 사들였다.

카메라 필름을 만들던 후지는 이제 종합 헬스케어 컴퍼니를 지향한다. 다가 아니다. 그간 축적했던 필름 제조 원천기술을 활용해 화학, 소재 등 다양한 영역으로 사업을 확장했다. 멈춤으로써 빚어낸 혁신이었다.

경주마는 달리기 위해 생각을 멈추고, 야생마는 생각하기 위해 달리기를 멈춘다. 멈춰야 할 것은 생각이 아니라 달리기다. 도전하는 사람은 그래서 멈춘다. 안주하는 사람은 멈추지 않는다. 아니, 멈추지 못한다. 그저 달린다. 답습이다. 멈춤은 또 다른 시작을 잉태한다. 멈춤은 그래서 혁신이다. 후지는 멈췄고, 코닥은 멈추지 못했다.

"끊임없이 혁신하고 천장에 도달하기 전에 그 사업을 떠나 새 사업을 찾아라."

《히든 챔피언》의 저자 헤르만 지몬 교수의 말이다. 공이 이루어지면 몸을 물리라는 노자 얘기와 맥이 닿아 있다.

"저도 한때는 미래였습니다."

50세에 미련 없이 정계를 떠난 캐머런 전 영국 총리의 은퇴사다. 그는 그쳐야 할 때 그칠 줄 알았다. '지지(知止)'의 리더다. 그러고 보니 'Good Game(좋은 게임이었다)'의 의미로 게임을 마무리할 때 쓰는 게임용어 'GG'도 '지지'다. 물러날 땐 이처럼 깔끔하게 물러나야 한다. 내 일과 삶의 정점에서 'GG'라 인사하며 뒤돌아보지 않고 떠날 수 있는 사장. 그가 진짜 혁신가다.

노자의 한 마디

공수신퇴 천지도(功遂身退 天之道).

공이 이루어지면 몸을 물리라는 거다. 그 자리에 머물지 말라는 거다. 경주마는 달리기 위해 생각을 멈추고, 야생마는 생각하기 위해 달리기를 멈춘다. 멈춰야 할 것은 생각이 아니라 달리기다. 도전하는 사람은 그래서 멈춘다. 안주하는 사람은 멈추지 않는다. 아니, 멈추지 못한다. 그저 달린다. 답습이다. 멈춤은 또 다른 시작을 잉태한다.

사장처럼 일하라는 말의 함정

조직 성장의 스위치를 내리는 사장의 행동들

양로원 노인들을 두 그룹으로 나눴다. 한 그룹은 시간 계획을 '스스로' 짜게 했다. 원하는 음식을 먹을 수 있고, 원하는 영화도 볼 수 있게 했다. 비교그룹은 '주어진' 시간표대로 생활하게 했다. 정해진 음식을 먹어야 했고, 정해진 영화만 보아야 했다. 생활의 통제권이 행복에 미치는 영향을 연구하기 위한 실험이었다.

결과는? 예상대로였다. 자신의 환경과 생활에 통제권을 행사한 그룹은 비교그룹보다 훨씬 활기찼다. 훨씬 행복해했다. 내 일을 내가 스스로 선택하고 결정하니 무력감과 절망감이 줄어든 거다. 자기효능감이 커진 거다. 심리학자 랭거와 로딘의 실험이다.

내 일과 삶의 통제권은 사람을 하늘로 날아오르게도, 수렁으로 밀어 넣기도 한다. 시켜서 억지로 하게 해선 안 된다. 스스로 신나서 하게 해야 한다. 조직 내 권한위임이 중요한 이유다. 현실은 정반대다. 열정 충만한 직원을 뽑아놓고는 시키는 것만 하란다. 사장 마인드로 일하라 해놓고 사장처럼 일했더니 '네가 사장이냐?'며, 시키는 거나 잘하라고 타박하는 형국이다. 통제권을 빼앗긴 직원은 무기력한 방관자로 전락한다. 그저 숨만 쉬며 눈치만 살핀다.

사장 혼자 난리 쳐봐야 소용없다. 기업의 성공은 직원에게 달렸다. 그들의 의욕에 불을 지펴야 한다. 직원들의 가슴에 활활 불을 붙여야 할 사람들. 그들이 오히려 찬물을 끼얹으며 불을 끄고 다니니, 이게 문제다. 조직의 성장엔진 스위치를 꺼버리는 거다.

기정민민 기민순순 기정찰찰 기민결결(其政悶悶 其民淳淳 其政察察 其民缺缺). 정치가 너그러우면 백성은 순박해진다. 정치가 혹독하면 백성은 교활해진다.

《도덕경》 58장이다. 작용이 있으면 반작용이 있게 마련이다. 힘을 받는 대상이 힘의 주체에게 역으로 가하는 힘. 반작용의 정의다. 주는 만큼 받는 법이다. 뿌린 대로 거두는 법이다. 정치도 마찬가지다. 지나치게 세세한 규정들로 백성들을 옭아매어 못살게 굴면 백성들도 제 살길 찾게 마련이다. 요리조리 법망을 피해갈 방법을 찾아 나선다. 순박한 백성들이 간교한 미꾸라지로 변해가는 과정이다. 살아남기 위한 고육책이다. 그래서 그 유명한 말이 나온다. 치대국 약팽소선(治大國 若烹小鮮). 큰 나라를 다스리는 것은 작은 생선을 굽는 것과 같다는 얘기다. 작은 생선을 굽는데 이리 뒤적이고 저리 뒤척이면 살점이 다 떨어져 나간다. 생선 살이 다 부서진다. 먹을 게 없어질뿐더러 볼품도 없다. 근사한 만찬은 물 건너가는 거다.

약팽소선의 철학은 오늘날 경영으로도 이어진다. 직원의 자율성에 무게를 두는 거다. 탄력근무제, 자율출퇴근제 등이 그 산물이다. 미국 최대의 가전제품 유통업체 베스트바이는 한 걸음 더 나갔다. '성과집중형 업무환경(Results-Only Work Environment)' 제도를 도입했다. 업무방식과 업무시간을 직원 스스로가 정하도록 했다. 휴가 승인 과정도 없애 버렸다. 원하는 시간에 원하는 방식으로 일할 수 있도록 직원들에게 파격적인 자율성을 부여했다. 업무가 제대로 진행된다는 전제하에서다.

결과는? 정해진 시간에 정해진 방식으로 일할 때보다 생산성이 향상됐다. 이직률도 줄었다. 물론 성과집중형 업무환경 제도가 만병통치약은 아니다. 부작용도 있다. 하지만 직원 자율에 초점을 맞춘 리더의 철학만큼은 톺아볼 필요가 있다.

예전 농경사회에서는 노동의 시간으로 기여도를 평가했다. 세 시간 일한 사람보다 다섯 시간 일한 사람이 후한 평가를 받았다. 지금은 아니다. 디지털혁명의 시대다. A가 종일 걸려 해야 할 일을 B는 10분 만에 끝낸다. 다양한 디지털 도구를 활용해서다. 성과는 업무시간에 비례하지 않는다.

장소도 마찬가지다. 예전엔 함께 모여 일했다. 지금은, 인터넷 접속만 가능하다면 어디에 있든 상관없다. 한 공간에 모여서 일해야만 성과가 나는 게 아니라는 얘기다. 사무실 없는 근무환경의 점진적인 확대는 이를 웅변한다. 요컨대, 성과와 시공간의 함수는 사라졌다. 관건은 직원의 자발적 몰입이다.

그런데도 같은 시간에, 같은 장소에 모여, 같은 시간 동안, 같은 방식으로 일을 하라 한다. 원활한 직원 관리를 위해서다. 21세기 디지털 시공간에서 19세기 농경 방식으로 일을 하는 셈이다.

조직의 위계는 관리를 전제로 한다. 직원들이 한눈팔지 않고 열심히 일하도록 규제하고 감시하는 것. 관리자의 역할이다. 그 일을 해야 할 관리자도 근무에 태만할 수 있다. 그러니 관리자들을 관리할 또 다른 관리자를 채용한다. 관리를 위한 관리의 범람이다.

"조만간 사라지게 될 직업 중 하나가 중간 관리직이다. 그들은 주로 조직의 위계 서열 시스템하에서 지시 사항과 정보를 아래로 전달하는 일을 했다. 하지만 오늘날엔 모든 조직원이 인터넷이나 SNS를 통해 서로 연결돼 있다. 더 중간 관리 직급이 필요가 없어진 거다."

《일의 미래》 저자 린다 그래튼 교수의 말이다.

열 사람이 한 도둑 못 잡는다고 했다. 아무리 세밀하고 깐깐한 규정으로 직원들을 감시하고 통제해도 작정하고 일 안 하려 들면 방법이 없다. 몰입은 규제와 감시로 만들어지는 게 아니라서다. 자율이 중요한 이유다. 자율의 전제는 신뢰다. 직원을 믿어야 한다. 못 믿으니 감시하고 못 믿으니 통제한다. 그런 리더가 보는 사무실 풍경은 진짜가 아니다. 직원들이 벌이는 '쇼'일 뿐이다. 그 쇼를 보고 '열심히 일들하고 있구먼.' 안심하는 리더라면 함량 미달이다. 지시해서 될 일이 아니다. 이해를 시켜야 한다.

'후츠파(Chutzpah)'는 이스라엘 창조혁신의 열쇳말이다. 원래는 무례함, 뻔뻔함, 철면피 따위를 뜻하는 히브리어 단어였다. 요즘은 용기, 배포, 도전이란 뜻으로 주로 쓰인다. 전 세계 벤처투자 자금의 30%가 이스라엘로 몰려드는 것은 '후츠파 정신' 덕분이다. 나스닥에 상장된 외국기업 중 상당수가 이스라엘 기업인 이유도 마찬가지다. 조직 내 '후츠파 정신'을 키우는 비결? 계급장 떼는 거다. 권위를 내려놓고 치열하게 토론해야 한다. 상대를 존중하며 다양성을 인정해야 한다. 상명하복은 군대에서나 미덕이다. 군대가 아님에도 말 한마디로 일사불란하게 움직이는 조직이라면? 위험하다.

세계적인 혁신전도사 게리 해멀 교수는 조직에 공헌하는 인간을 6단계로 나눈다. 위에서부터 열정(passion), 창의성(creativity), 선제적인 추진력(initiative), 지식(intellect), 근면(diligence), 순종(obedience)의 순서다. 근면과 순종은 돈으로 해결할 수 있다. 열정과 창의는 다르다. 말 잘 듣고 부지런한 직원들이 조직을 성장시키던 건 예전의 빛바랜 기억이다. 창의 가득한 열정 인재가 조직을 승리로 이끄는 요즘이다. 순종하는 직원을 선호하는 사장이라면 애당초 글러 먹었다. 직원들의 창의와 열정을 끌어내야 진짜 사장이다.

그래서 가져온 문장이다. 성인방이불할 염이불귀 직이불사 광이불요(聖人方而不割 廉而不劌 直而不肆 光而不耀). 성인은 바르고 점잖되 남에게 강요하지 않는다. 예리하고 뾰족하되 남을 찔러 상처를 주지 않는다. 솔직하되 제멋대로 굴지 않는다. 빛나되 눈부시지 않다. 사장이 자신을 고집하지 않으니 직원들이 살아

난다. 조직에 활기가 돈다. '후츠파'는 리더 하기 나름인 거다.

직원을 쪼지 않으면 조직이 제대로 굴러가겠냐고? 노자가 보증한다. 《도덕경》 73장이다. 스스로 그러하게 만들어주면 말하지 않아도 마음이 전해지고(不言而善應), 부르지 않아도 저절로 오는 법이다(不召而自來). 당장 나부터도 그랬다. 믿어주는 상사와 일할 때는 최선을 다했다. 시키는 대로 하라는 상사에게는 시키는 대로만 해줬다. 아니, 잔꾀도 많이 부렸다. 천망회회 소이불실(天網恢恢 疏而不失). 하늘의 그물은 넓고 커서 성글어 보이지만 새나갈 방법이 없다. 삶의 이치다.

노자의 한 마디

치대국 약팽소선(治大國 若烹小鮮).

큰 나라를 다스리는 것은 작은 생선을 굽는 것과 같다는 얘기다. 작은 생선을 굽는데 이리 뒤적이고 저리 뒤척이면 살점이 다 떨어져 나간다. 생선 살이 다 부서진다. 사장이 조직을 관리하고 직원을 대할 때도 작은 생선을 굽는 듯해야 한다. 그러면 굳이 직원을 '쪼지' 않아도 회사는 성장한다.

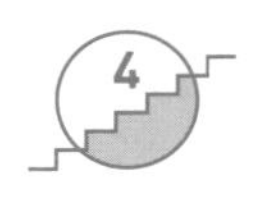

진정성이 경영의 화두로 부상한 이유

고객과 직원의 영혼을 감동시키려면?

첫 번째 풍경. 한적한 시골 마을, 버스정류소 앞 자그마한 동네 슈퍼. 없을 건 없지만, 있어야 할 건 다 있다. 라면이나 계란말이 등 간단한 먹거리도 판다. 멀지 않은 유치원 선생님들이 한 끼 간단한 식사를 위해 오는 곳이다. 길 건너 주민센터 직원들이 과자와 음료수를 사러 찾는 곳이다. '짹짹이' 할머니와 '까불이' 할머니가 소주 한 잔 기울이는데, 우연히 들른 너털웃음 할아버지가 동석하여 말동무가 돼주는 곳이다. 유치원에 다니는 옆집 아이가 일 나간 엄마가 돌아올 때까지 시간을 보내는 곳이다. 슈퍼에서 키우는 개와 눈이 맞은 이웃집 개도 들락거리니 이 작은 슈퍼는 마주치는 사람마다 서로 안부를 묻는, 온기 넘치는 동네 사랑방이다. 이름도, 성도 모르는 사람들과 행여 눈이라도 마주칠 새라 옷깃을 세우고 걸음을 재촉하는 대도시와는 사뭇 다른 풍경. 사람 냄새 물씬 나는 시골 슈퍼의 일상은 메마른 세상을 살아가는 동시대 사람들에게 편안한 판타지이자 따뜻한 힐링이다. KBS TV 예능프로그램 <어쩌다 사장> 얘기다.

두 번째 풍경. "고객님의 카드가 잘못 발급돼 통장에서 돈이 빠져나가고 있으니 안전한 계좌로 이체해야 합니다." "여기는 ○○경찰청 지능범죄 수사대입니다. ○○○씨 명의로 통장이 발급돼 5천만 원 돈세탁이 된 것을 적발했습니다." "서울검찰청입니다. ○월 ○일 법정 출석을 하지 않으셨네요. 사건 확인이 필요하니 성함과 주민등록번호를 말씀해주세요." 느닷없이 걸려온 보이스피싱 전화.

'도대체 이게 무슨 일이야?' 하늘이 노랗다. 덜컥 내려앉은 가슴을 부여안고 수화기 저편 목소리가 시키는 대로 이것저것 하고 나면 금쪽같은 내 돈은 순식간에 사라진다. 이윽고 현실을 마주한 피해자는 망연자실. 사람의 영혼을 망가뜨리는 이런 범죄를 막고자 금융당국과 수사당국도 팔을 걷어붙였다. 하지만 백신을 개발하면 변종 바이러스가 생겨나듯 사기 수법 또한 따라서 진화한다. 창과 방패의 쫓고 쫓기는 싸움에 불안감은 커져만 간다. 아무도 믿을 수 없는 서글픈 불신 세상이다.

'신뢰'를 가운데 두고 극적인 대비를 이루는 두 개의 풍경이다. 서로의 안부를 확인하며 살아가는 작은 시골 마을 사람들의 단어는 '신뢰'와 '순박'이다. 반면, 익명의 시공간에서 나를 숨기며 사는 대도시 사람들의 단어는 '불신'과 '경계'다. 상대가 누구인지 알 길이 없으니 불안하다. 시골에선 담장도 없이 지내던 사람들이, 담벼락을 높이 쌓고 대문을 걸어 잠근다. 그걸로도 모자라 CCTV를 설치하고, 방범 감시 서비스를 신청한다. 믿음이 사라지면 세상은 이토록 각박해진다.

《도덕경》 65장도 그 얘기를 한다. 고지선위도자 비이명민 장이우지(古之善爲道者 非以明民 將以愚之). 예전 도를 잘 행하는 사람은 백성을 명민하게 만들지 않고 오히려 순박하게 만들었다. 민지난치 이기지다(民之難治 以其智多). 백성을 다스리기 어려운 이유는 그들이 자꾸 꾀를 쓰기 때문이다. 이지치국 국지적 불이지치국 국지복(以智治國 國之賊 不以智治國 國之福,). 그러므로 교묘한 거짓 꾀로써 나라를 다스리면 나라의 재앙이 된다. 교묘한 거짓 꾀로 나라를 다스리지 않으면 나라의 복이 된다.

백성들이 멍청하면 통치하기 쉬우니 우민화 정책을 펴라는 얘기 아니냐고? 노자에 대한 오해다. 《도덕경》에 대한 오독이다. 임금이 믿음으로 백성을 대하면, 백성들도 믿음으로 군주를 따른다. 서로 믿지 못할 일이 없다. 그런데 꼼수를 써서 뒤통수를 때리면? 그때부터는 얘기가 달라진다. 당한 상대는 표정부터 바뀐다. 다시는 당하지 않으려 경계하고 또 경계한다. 경계심을 늦추지 않는 상대의 마음은 알리바바의 주문으로도 열 수 없다. 리더가 잘못 끼운 단추 탓에 신뢰가 깨져버린 탓이다.

신뢰는, 그래서 자산이다. 믿지 못해 써야 할 '안심 보장'의 구매비용을 없애주고, 줄여주어서다. 신언불미 미언불신 선자불변 변자불선(信言不美 美言不信 善者不辯 辯者不善)이라 했다. 진실한 말은 번지르르하지 않고, 번지르르한 말은 미덥지 않은 법이다. 선한 사람은 꾸며서 말하지 않고, 꾸며서 말하는 사람은 선하지 않은 법이다. 그러니 임금이라면 잔꾀 부려 백성을 속이려 들지 말고, 백성의 행복과 안위를 목적으로 진심 담은 정치를 하라는 것. 그게 《도덕경》 65장의 진의다. 요컨대, 신뢰 가득한 나라를 만들라는 거다.

비즈니스라고 다를 것 없다. 1등급 한우라고 해서 비싼 돈 주고 샀는데, 알고 보니 식용 얼룩소란다. 무게도 속여 팔았단다. 뉴스를 접한 고객의 경계심은 자연스레 커진다. 고기를 살 때면 전보다 더 살피고, 전보다 더 따진다. 불신하는 고객을 설득하고 증명해야 하니 파는 처지에서는 비용이 올라간다. 믿고 사던 제품을 하나하나 헤아리고 확인해야 하니 사는 처지에서도 성가

시고 번거롭다. 신뢰가 깨지니 모두가 불편하고, 모두가 힘들다. '진정성'이 경영의 화두로 부상한 이유다.

한동안 쟁점이 됐던 유튜버 '뒷광고' 논란도 같은 맥락이다. 뒷광고는 광고임에도 광고임을 숨기는 광고다. 고객을 기만하는 광고다. 내 돈 주고 산 거라며 제품에 대한 호평을 늘어놓길래 믿고 구매했는데, 웬걸. 업체로부터 뒷돈을 받았단다. 배신감이 치밀어 오른다. "돈 받고 하는 얘기가 아닙니다." 철석같이 믿었던 그 말이 부메랑이 돼 뒤통수를 치니 시청자로서는 이런 배신이 없다. 진솔한 체험을 공유한다는 수많은 콘텐츠를, 대다수 사람이 색안경을 끼고 보는 이유다. 자업자득. 유튜버들 스스로가 그리 만들어놓은 거다. "광고는 광고라고 확실하게 말하라(Make it clear that ads are ads)." 빗나간 유튜버들에게 보여주고 싶은, 영국 광고심의국 가이드라인이다.

모든 거래는 비용을 수반한다. 서로를 믿지 못하니 거래비용이 치솟는다. 내 일의 목적을 몰라 생기는 일이다. 일의 이유를 모르니 남는 건 탐욕이다. 어차피 먹고 살려고 하는 일, 이참에 한몫 챙기겠다는 거다. 매일 아침 펼쳐 드는 신문에서 탐욕으로 인한 사건 사고가 넘쳐나는 건 그래서다. 일을 하면서도 이 일을 왜 하는지 모르는 사람들이 그만큼 많다는 방증이다.

미국 유기농 바디케어 기업인 닥터브로너스는 유기농 비누와 샴푸, 오일 등을 만들어 판다. '지구와 사람의 공존'이 사업의 목적이다. CEO도 '최고경영책임자(Chief Executive Officer)'가 아니라 '우주업무책임자(Cosmic Engagement Officer)'라고 부른다. 회사경영을 책임지는 것을 넘어 환경과 지구를 위해 막중한 임무를 맡고 있다는 의미다. 일의 목적을 명확하게 알기에 해마다 회사 이익의 1/3을 기부한다.

직원 복지 비용도 아끼지 않는다. 사장 월급은 직원 월급의 5배를 넘지 않는다.

"우리 직원들은 물론 원료를 공급하는 농부들, 유통업체 등 모든 사람에게 공정한 기업이 되는 것이 목표다. 기업이 성장하는 데 불필요한 이익을 의미 있는 사회적 운동과 자선단체에 기부하는 것 또한 목표다."

닥터브로너스 CEO인 데이비드 브로너의 말이다. 160년이 넘는 오랜 세월 동안 쌓아온 고객 신뢰다. 일의 목적을 달성하려 무던히도 노력했기에 가능한 일이다. 브랜드에 진실과 진심을 담았기에 가능한 일이다. 브랜드가 추구하는 신념과 철학의 실천! 필립 코틀러가 주창한 '브랜드 행동주의(Brand Activism)'의 모범사례다.

'구멍가게 마인드'가 필요하다. 시골 마을 동네슈퍼 주인의 마음이다. 내 가게를 찾는 모든 손님의 오늘이 평화롭고 행복하기를 바라는 마음이다. 동전 없는 손님들이 커피 마시고 싶을 때 빼먹으라고 커피자판기 위에다 매일 아침 백 원 동전 몇 개를 올려놓는 슈퍼주인의 마음이 그것이다.

교언영색. 남에게 잘 보이려고 그럴듯하게 꾸며대는 말과 알랑거리는 태도로는 고객과 직원의 영혼을 감동하게 할 수 없다. 경영은 내 일의 목적과 내 삶의 이유를 진정성 있게 실천해나가는 도전의 과정이다.

노자의 한 마디

지치국 국지적 불이지치국 국지복(以智治國 國之賊 不以智治國 國之福.).

교묘한 거짓 꾀로써 나라를 다스리면 나라의 재앙이 된다. 교묘한 거짓 꾀로 나라를 다스리지 않으면 나라의 복이 된다. 훌륭한 경영자로서 조직의 성장을 이끌고 싶다면? 핵심은 고객과의 신뢰, 직원과의 신뢰다. 일의 목적부터 명확하게 정립해야 한다. 경영은 '어떻게 살 것인가'에 대한 철학임을 잊어서는 안 된다. 전략을 넘어 철학! 내가 정의하는 경영이다.

혁신경영 :
힘을 빼야 힘이 생긴다

변화에 대응하기 위한 두 가지 전략

2012년 5월과 2019년 9월. 7년의 시차를 두고 한 곳을 찍은 두 장의 사진. 서울 종로구 익선동이다. 상전벽해의 풍경이다. 젊음의 핫플레이스는 경리단길이었다. 그 영광이 익선동으로 넘어갔다. 네이버 검색빈도를 보면 '익선동 시대'의 개막은 뚜렷하다.

2014년부터 2년간 경리단길 검색빈도는 익선동을 압도한다. 익선동의 부상은 2018년부터다. 경리단길 검색빈도는 언제 그랬냐는 듯 극적으로 감소한다. 반면, 익선동 수치가 폭발적으로 증가한다. 수명 주기가 짧아진 상권, 그리고 묻혀 있던 상권의 급격한 부상. 요컨대, 세상 변화가 급속도로 진행되고 있다는 애기다.

기업의 경영환경도 마찬가지다. 변화의 '내용'도 내용이지만 더 큰 문제는 변화의 '속도'다. 변화가 초 단위다. 광속으로 저만큼 앞서가는 변화. 따라가는 경영자로서도 숨이 턱 밑까지 차오른다. 변화대응이라는 측면에서 귀담아들어야 할 노자의 말씀이 있다.

인지생야유약 기사야견강(人之生也柔弱 其死也堅强). 사람이 살아있을 때는 몸이 부드럽고 약하다. 죽으면 딱딱하게 굳는다. 초목지생야유취 기사야고고(草木之生也柔脆 其死也枯槁). 풀과 나무도 자랄 때는 부드럽고 연하다. 죽으면 시들고 뻣뻣해진다. 그러니 딱딱하고 강한 것은 죽은 무리다. 부드럽고 약한 것은 살아있는 무리다. 《도덕경》 76장이다.

격변의 시대, 화두는 경영혁신이다. 미래는 불확실하다. 가시거리 제로. 디지털로 인한 혁명적 변화 때문이다. 예전엔 변화가 닥쳐도 대응할 시간이 있었다. 지금은 아니다. 닥치면 이미 늦다. 미리 준비해야 한다. 빨리 대처해야 한다. 전제는 유연함이다. 다시 말해, '부드럽고 약함(柔弱)'이 혁신 성공의 척도인 셈이다. 딱딱하고 뻣뻣하면 유연할 수 없어서다. 경영도 생물이라 했다. 언제, 어디로 튈지 알 수가 없다. 그래서 사장이 알아야 할 두 가지 전략개념이 있다. '시나리오경영'과 '애자일경영'이다.

먼저 시나리오경영이다. 시나리오경영은 미래 대비를 위한 경영전략 수립 방법의 하나다. 변화의 방향과 추세를 고려하여 '있을 법한 미래'에 대한 서너 개의 시나리오를 구성한다. 시나리오의 각 상황에 맞춤하는 대비책을 준비한다.

시나리오경영은 이처럼 하나의 정답을 찾는 게 아니다. 다양한 각도에서의 입체적인 질문을 통해 문제대처 능력을 미리 높여 놓는 게 핵심이다. 영국 글로벌 석유회사 셸(Shell)은 위기예고 상황들을 목록으로 정리했다.

이를 토대로 위기대응 시나리오를 짰다. 1973년 오일쇼크를 맞아 수많은 에너지기업이 줄줄이 파산하던 위기상황을, 셸은 오히려 기회로 활용할 수 있었던 배경이다. 어떤 상황이 어떻게 전개될지 모르는 상황이라면 시나리오경영은 유용한 툴이다. 미래에 대한 예단을 막아 주어서다. 유연한 대응을 가능케 해주어서다.

다음은 애자일경영이다. 민첩한, 기민한, 재빠른, 날렵한. 영어 단어 '애자일(agile)'의 의미다. 수많은 기업이 "애자일경영을 도입하겠다", "애자일조직으로 거듭나겠다" 천명하는 이유? 급변하는 환경에서 살아남기 위한 제일 나은 방법이라서다.

애자일은 원래 소프트웨어 개발방법론 중 하나였다. 작업계획을 짧게 나누어 끊임없이 프로토타입을 만들면서 필요한 요구사항을 반영해 나가는 방식을 가리킨다. 일종의 환경적응형 방식이다.

전통적인 개발방식은 다르다. 전략을 수립하면 거기에 맞춰 하부 전술이 만들어졌다. 프로젝트의 성공 확률과 완성도를 높이기 위해 조사와 분석이 뒤따랐다. 구성원들은 계획에 맞춰 업무를 완수해야 했다. 순차적인 개발 프로세스를 따르는, '폭포수 모델'이라 불리던 선형적 작업방식이다.

컨베이어벨트처럼 현 단계의 업무가 완수되면 순차적으로 다음 단계로 넘어가는 방식이다. 전 단계 작업이 완료되지 않으면 다음 단계로 넘어갈 수 없는 거다. 문제는 이런 프로세스가 시장의 변화를 적시에 반영하지 못한다는 거다. 주어진 업무계획과 일정을 준수해야 하니, 좌우 시야를 차단한 경주마와 다름없다. 그저 앞만 보고 달린다.

문제가 발생하면? 무시하고 달린다. 외면하고 달린다. 여기서 멈추면 프로젝트 전체에 차질이 생겨서다. 원점으로 되돌아가야 해서다. 그 책임을 누가 질 것인가? 시장과 유리된, 죽은 계획과 죽은 목표는 자신을 뻣뻣이 고수하다 그예 실패로 끝난다. 프로세스를 위한 프로세스의 실패다. 유연하지 못해서다.

애자일기법은 다르다. 빠른 실행과 부단한 학습이 핵심이다. 어차피 정확한 예측은 불가능한 변화다. 조사와 분석으로 해결될 일이 아니기에 반복적인 시제품 출시를 통해 고객 니즈에 한 발 한 발 다가간다. 시장의 반응을 보며 영점을 맞춰가는 거다. 군대에서 영점사격을 통해 탄도와 조준점을 일치시키는 원리다. 결과물에 대한 검증을 반복하며 실패위험을 줄여나간다. '일단 하자, 안 되면 말고'가 아니다. '일단 하자, 안 되면 수정하고' 방식이다.

"포괄적인 문서보다 작동하는 소프트웨어를" "계획을 따르기보다 변화에 대응하기를" 애자일 소프트웨어 개발선언문 중 일부다. 애자일은 문서를 통한, 형식과 절차 지향적인(document-oriented) 개발 방법이 아니다. 실질적인 코딩을 통한(code-oriented) 실용적 방법론이다.

상황에 맞춰 유연하게 대응할 수 있으니 불필요한 절차와 시간이 줄어든다. 생산성이 올라간다. 프로젝트의 초점이 문서와 절차에서 고객과 시장으로 바뀐 거다. 내부적인 프로세스에 따라 수년간 비밀리에 연구 개발하여 최고의 제품을 시장에 선보이는 방식? 낙동강 오리 알 되기에 십상이다. 초 단위의 변화 속도에 맞춤하려면 베타버전의 제품을 우선 출시하곤 지속적인 업데이트와 업그레이드를 통해 완성도를 높여가야 한다.

해결해야 할 문제가 복잡하다면? 정보가 불완전하고 예측이 불가하다면? 변화가 빠르고 방향을 찾기 힘들다면? 애자일 방식이 답이다.

《도덕경》 78장이다. 약지승강 유지승강(弱之勝强 柔之勝剛). 약한 것이 강한 것을 이기고, 부드러운 것이 단단한 것을 이긴다. 천하에 물보다 부드럽고 약한 것은 없다. 그러나 아무리 굳세고 강한 것도 물을 이기지 못한다. '단단하고 강함(剛强)'이 아니라 '부드럽고 약함(柔弱)'에 대한 찬사다. 76장에 호응하는 문장이다. 노자가 '상선약수(上善若水)'라며 물을 상찬하는 이유다.

"힘 빼는 데 3년." 모든 스포츠에 통용되는 금언이다. 수영이 그렇고, 골프가 그렇다. 권투가 그렇고, 배드민턴이 그렇다. 스포츠는 힘으로 하는 게 아니다. 힘이 들어갈수록 시야는 좁아진다. 피로도만 높아진다.

힘을 빼야 유연해진다. 힘을 빼야 힘이 생긴다. 경영이라고 다를 것 없다. 조직의 목표와 계획은 시장과 고객을 위해 존재하는 거다. 그런데 목표 달성과 일정 준수에 잔뜩 힘이 들어가 있다. 유연해야 할 조직이 뻣뻣해진다. 부드러워야 할 조직이 딱딱해진다. 그럴수록 혁신은 점점 멀어져간다. 지금껏 나를 지탱해왔던 강철처럼 단단하고 강한 개념의 틀에서 벗어나야 한다. 유연하고 부드럽게 눈앞의 변화를 껴안아야 한다.

병강즉불승 목강즉공(兵强則不勝 木强則共). 군대도 강함을 드러내면 승리할 수 없고, 나무도 크고 장대하면 베어진다. 강대처하 유약처상(强大處下 柔弱處上). 강하고 큰 것이 오히려 밑으로 들어가고, 부드럽고 약한 것이 오히려 위로 올라간다. 강한 게 약한 것이고, 약한 것이 강한 것이다. 힘이 세서 강한 게 아니라 힘을 빼서 강한 거다. 천하막부지 막능행(天下莫不知 莫能行). 세상에 이를 모르는 사람은 없다. 하지만 행하는 이 또한 없다.

노자의 탄식에 짙은 안타까움이 묻어난다. 다른 말 필요 없다. 당장 나부터, 당장 오늘부터 힘 빼고 유약해질 일이다.

노자의 한 마디

약지승강 유지승강(弱之勝强 柔之勝剛).

약한 것이 강한 것을 이기고, 부드러운 것이 단단한 것을 이긴다. 천하에 물보다 부드럽고 약한 것은 없다. 그러나 아무리 굳세고 강한 것도 물을 이기지 못한다. 힘을 빼야 유연해진다. 힘을 빼야 힘이 생긴다. 경영이라고 다를 것 없다. 조직의 목표와 계획은 시장과 고객을 위해 존재하는 거다. 그런데 목표 달성과 일정 준수에 잔뜩 힘이 들어가 있다. 유연해야 할 조직이 뻣뻣해진다.

조직구성원의 일상 평화를 지켜내라

지상에 가까울수록 우리 삶은 생생해진다

《도덕경》 80장은 노자가 생각하는 이상향에 대한 묘사다. 사유십백지기이불용 사민중사이불원사(使有什佰之器而不用 使民重死而不遠徙). 수많은 도구와 장비를 가졌더라도 쓸 일이 없게 한다. 백성들이 죽음을 무릅쓰고 멀리 떠나지 않게 한다. 욕심이 없으면 많이 가질 이유가 없다. 필요한 만큼만 있으면 된다. 굳이 도구와 장비를 쓸 까닭이 없다. 목숨을 걸면서까지 멀리 떠나야 할 이유도 없다. 수유주여 무소승지 수유갑병 무소진지(雖有舟輿 無所乘之 雖有甲兵 無所陳之). 배와 수레가 있지만 탈 일이 없다. 갑옷과 무기가 있지만 진을 쳐서 펼칠 일이 없다. 없어서 못 하는 게 아니다. 몰라서 못 하는 게 아니다. 있지만 안 하는 거다. 알지만 안 하는 거다. 필요를 못 느껴서다.

사인부결승이용지(使人復結繩而用之). 백성이 새끼를 꼬아 소통하게 한다. 예전에는 노끈이나 새끼 따위로 매듭을 지어 그 매듭의 수효나 간격으로 뜻을 표현했다. 결승문자다. 문명 이전의 과거로 돌아가자는 얘기가 아니다. 단순한 결승문자만으로도 삶에 아무런 불편함이 없는 소박한 세상을 가리킨다.

감기식 미기복 안기거 낙기속(甘其食 美其服 安其居 樂其俗). 저마다 음식을 맛나게 여기고, 저마다 옷을 아름답다 여기며, 저마다 사는 곳을 편안해하고, 저마다 풍속을 기꺼이 즐긴다. 남들보다 더 맛난 음식을 먹고, 남들보다 더 예쁜 옷을 입겠다는 욕심이 없다. 남들보다 더 근사한 집에 살며, 남들보다 더 화려한 명절을 보내겠다는 욕망을 버렸다. 탐욕이 없으니 시기도 없고, 질투도 없다. 모든 게 만족스러울 따름이다.

인국상망 계견지성상문 민지노사불상왕래(隣國相望 鷄犬之聲相聞 民至老死不相往來). 이웃 나라가 서로 바라보고, 개 짖고 닭 우는 소리가 서로 들려도, 늙어 죽을 때까지 서로 왕래하지 않는다. 이웃과 왕래도 없으니 각박한 삶 아니냐고? 노자의 진의는 다른 데 있다. 저마다의 삶을 즐기니 서로 아옹다옹할 일이 없다. 함께 모여 다른 사람 손가락질하며 수군거릴 일도 없다. 남과 나를 비교하지 않으니 자랑할 일도 없고, 주눅들 일도 없다. 왕이 누군지도 알 바 아니다. 내 삶에 감사하고 만족하니 그걸로 됐다. 내 할 일 다 하며 나만 똑바로 살면 세상은 잘만 돌아간다.

"각자 자기 집 앞을 쓸어라. 그러면 온 세상이 깨끗해진다. 각자가 자기 할 일을 다 하면 사회가 할 일이 없어진다."

독일 대문호 괴테의 말이다. 내 아내도 항상 내게 말했다. 당신만 잘하면 세상은 아무 문제 없다고.

그렇다면 노자가 그리는 이상사회는 어떻게 하면 만들 수 있을까? 《도덕경》에서는 그 답으로 '소국과민(小國寡民)'을 든다. 나라를 작게 만들고, 백성 수를 늘리지 않는 거다. 많은 백성을 거느리고 큰 나라를 만들려고 다들 전쟁을 일삼으니 정작 백성들은 불행의 늪에서 헤어나올 수 없다.

그뿐이랴. 나라가 커지면 힘 있는 통솔이 필요하다. 규정과 제도가 생겨난다. 백성들의 개별 상황을 일일이 참작하여 배려할 수 없다. 표준화된 법규를 기계적으로 갖다 대어 '맞고 틀림'과 '옳고 그름'을 판별한다. 현실과 동떨어진 인위적인 기준이 백성들의 삶을 옭아맨다. '대국다민(大國多民)'을 지향하는 정치의 폐해다.

소국과민은 결국 저마다의 삶을 존중하는 철학이다. 구체적인 일상을 귀히 여기는 철학이다. 개개인을 인정하고 다양성을 품어 안는 철학이다.

소국과민에서 얻을 수 있는 이 시대 사장의 통찰? 첫째, '일상 혁신'이다.

"직장인처럼 하는 거예요. 좀 일찍 나오고, 미리 맞춰보는 거죠. 일해서 돈 받으면 그걸로 소주 사 먹고 아이들 피자 사주고. 좋은 연기자보단 그저 좋은 아빠, 좋은 선배가 되고 싶었어요."

중견 배우 성동일 님의 말이다. 대한민국 대중문화 역사를 바꾸겠다는 무거운 사명감으로 연기하는 게 아니라는 얘기다. 거창하고 화려한 수식어가 없다. 손에 잡히는 일상의 평화가 핵심이다. 둘러보면 다들 큰 얘기만 한다. 정의를 부르짖고, 공정을 역설한다. 소설가 밀란 쿤데라도 얘기했다. 지상에 가까울수록 우리 삶은 더 생생하고 진실해진다고. 지상의 존재에게서 멀어진 인간의 움직임은 무의미해진다고.

기업들의 비전과 미션도 추상적인 개념들로 가득하다. 최고의 제품과 최상의 서비스로 세계를 선도하고 인류발전에 이바지하겠다는 식이다. 어느 기업이 얘기하더라도 하등 이상할 것 없는 표현이다. 구체성을 상실한, 헛헛한 얘기다.

그러니 직원들도 우리가 무슨 일을, 왜 하는지 모른다. 고객들도 해당 기업의 철학과 존재 이유를 알지 못한다. 비전과 미션은 구체적이어야 한다. 손에 잡히는 일상의 언어여야 한다.

"전 세계의 정보를 체계화하여 모두가 편리하게 이용할 수 있도록 하겠다."

구글의 미션이다.

둘째, '권한위임'이다. 조직 규모가 커질수록 제대로 된 소통은 힘들어진다. 아마존 CEO 제프 베저스가 주창한 '피자 두 판의 법칙'이 있다. 팀원 숫자나 회의 참석자 숫자가 피자 두 판으로 식사할 수 있는 규모 이상이 되면 안 된다는 거다. 그 이상으로 늘어나면 커뮤니케이션이 복잡하게 얽히고설켜 원활한 소통이 힘들어진다는 거다.

결론도 없는, 회의를 위한 회의만 늘어나서일까? 많은 기업이 조직을 팀 단위로 쪼갰다. 처, 부, 과 형태의 위계 조직을 팀과 셀 단위의 네트워크 조직으로 잘게 나누었다. 조직 분사도 연이었다. 단위가 작아지니 더 많이 소통할 수 있다. 더 빨리 움직일 수 있다. 조직에 묻혀 있던 개인의 존재감도 그제야 빛이 난다.

거대한 조직을 중앙에서 일사불란하게 운용하던 방식은 과거의 유물이다. 시키는 대로만 움직이는 조직이 승리하는 세상이 아니라서다.

사장의 생각을 강제해선 안 된다. 사장의 판단을 강요해선 안 된다. 저마다의 창의와 개성으로 기존에 없던 새로운 도전을 빚어내야 한다. 권한을 위임받은 소규모 분권 조직이 부상하는 이유다.

끝으로 '다양성의 포용'이다. 원숭이와 펭귄, 코끼리와 늑대를 모아 놓고 나무를 잘 오르는 원숭이만 상을 주면 조직에는 미래가 없다. 사과, 배, 귤, 포도, 수박, 복숭아 등 모든 과일은 나름의 특색이 있다. 어떤 건 영양가가 높고, 어떤 건 새콤달콤한 맛이 일품이다. 어떤 과일은 특유의 식감이 싱그러우며, 어떤 과일은 갈증 해소에 제격이다. 획일적인 기준은 위험하다. 저마다의 장점과 가치를 살려주는 사장이 좋은 사장이다. 상대평가 제도를 폐지하는 기업이 점차 늘어나는 건 그래서다. 혁신은 다양성을 먹고 자란다. 저마다의 생각과 저마다의 판단. 직원에게 그 자유를 허락해야 한다.

일상을 깨뜨리는 일이 일어나지 않는 것. 내가 정의하는 '평화'다. 일상이 깨진다는 건 생각보다 훨씬 큰 고통이자 아픔이라서다.

둘째 아이가 초등학교 4학년 때 맹장 수술을 받은 적이 있다. 갑자기 배가 아프다 해서 찾은 동네병원. 초음파 검사를 해보더니 맹장에 염증이 생겼단다. 큰 병원 응급실을 찾았다. 결론은 수술이었다. 밤 9시에 수술실로 들어간 아이는 12시가 돼서야 병실로 돌아왔다. 어찌 지났는지 모를 폭풍 같은 하루였다.

일상이 어그러지니 모든 게 뒤죽박죽. 행복은 다른 게 아니었다. 일상이 부서지지 않는 것, 요컨대, 평화였다.

'소국과민'의 철학은 결국 조직 구성원의 평화를 지향한다. 어느 CEO가 내게 건넸던 말이 문득 떠오른다.

"리더십 그런 건 잘 모르겠는데요. 해마다 연봉을 올려줄 수 있다면 그가 최고의 사장 아닐까요?"

구성원의 일상 평화를 빚어내는 사장. 그가 진짜 사장이다.

노자의 한 마디

소국과민(小國寡民).

나라가 커지면 힘 있는 통솔이 필요하다. 규정과 제도가 생겨난다. 백성들의 개별 상황을 일일이 참작하여 배려할 수 없다. 표준화된 법규를 기계적으로 판단한다. 현실과 동떨어진 인위적인 기준이 백성들의 삶을 옭아맨다. '대국다민(大國多民)'의 폐해다. 소국과민은 결국 저마다의 삶을 존중하는 철학이다. 사장이라면 개개인을 인정하고 다양성을 품어 안는 철학이 필요하다.

터미네이터 T-1000이 진짜 무서웠던 이유

지식은 입을 열지만 지혜는 귀를 연다

세계적인 팝 아티스트 폴 매카트니 경의 전속사진사 K. 폴 경의 전세기를 타고 세계를 누비며 그의 공연 사진을 찍은 지 3년째. K도 사람인지라 반복된 익숙함이 그의 초심을 갉아먹는다. 그깟 공연 사진이야 찍던 대로 찍으면 그뿐. 열정이 사라지니 일의 진행과 처리도 기계적일 수밖에. 그날도 여느 때와 다를 바 없었다. 전날 찍은 공연 사진을 함께 리뷰하던 폴 경이 K에게 얘기한다.

"네가 찍은 사진이 더 이상 날 흥분시키지 않아."

K는 자신의 인생을 바꿔놓은 말이라고 했다. 사진이 맘에 들

지 않는다고? "다른 작가 알아봐." 매니저에게 한 마디 던지면 끝날 일이었다. 전 세계 날고 기는 수많은 사진작가가 줄을 설 터였다. 하지만 폴 경은 K를 비난하지도, 닦달하지도 않았다. 나지막한 어조로 자신의 느낌을 전했을 뿐이다.

무보정 상태의 사진 중 폴 경이 선택한 사진만 보정하던 방식의 작업. 이날 이후 K는 촬영한 모든 사진을 선보정한 뒤 폴 경에게 보여주었다. TV에서 보았던 K의 인터뷰 내용이다. 폴 매카트니, 역시 고수다.

《도덕경》 43장이다. 천하지지유 치빙천하지지견(天下之至柔馳騁天下之至堅). 세상에서 가장 부드러운 것이 세상에서 가장 단단한 것을 말 달리듯 부린다.

멀리 갈 것도 없다. 폴 매카트니 경의 위 사례가 증거다. 사장의 눈에 차지 않는 직원. 고함부터 치는 사장이 태반이다. 고함을 쳐서 효과가 있다면 못 칠 것도 없다. 하지만 사장의 그런 모습을 본 직원의 선택지는 둘 중 하나다. 반발하거나 주눅 들거나. 성과 향상에 도움이 안 되긴 둘 다 마찬가지다.

이제는 찍어 눌러서 될 일이 아니다. 직원들의 마음속에 스며들어야 한다. 가랑비에 옷 젖는 줄 모르듯 마음의 문을 두드려 시나브로 열어야 한다. 그러려면 어떻게 해야 하냐고? 여기, 《도덕경》에 답이 있다. 무유입무간(無有入無間)이다. '무유(無有)'

는 '형태가 없음'을 의미한다. '무간(無間)'은 사이가 없음이니 아주 작은 틈을 가리킨다.

일정한 크기를 가진 일정한 부피의 물체는 같은 모양과 같은 크기의 공간이 나오지 않으면 그 안으로 들어갈 수가 없다. 나를 고집하니 생기는 일이다. 고정된 형식이 없어야 한다. 유연해야 한다. 그래야 바늘만 한 틈으로도 스며들어 갈 수 있다. 나를 비워야 가능한 일이다.

이제는 고전이 돼버린 영화 <터미네이터2>의 빌런 'T-1000'을 처음 봤을 때의 충격을 잊을 수 없다. 인류의 지도자로 자라날 존 코너를 제거하기 위해 미래로부터 파견된 로봇 T-1000은 주인공 터미네이터 T-800보다 진일보한 모델이다. 특징은 전신이 액체금속으로 이루어져 있다는 것. 다른 사물이나 다른 사람으로 자유롭게 변신할 수 있는 이유다.

그뿐만 아니다. 작은 틈이나 막힌 공간도 물 흐르듯 드나든다. 온몸이 완전히 분쇄될 정도의 외부 충격을 받아도 산개한 부위들이 재조합돼 원상 복구가 되니 준(準) 불사신 급이다.

상황에 맞춰 몸의 형태를 바꿀 수 있는 유연성의 힘이다. 일정한 형태가 없는 무유가 곧 경쟁력인 셈이다. 무유의 능력을 발판 삼아 T-1000은 영화 내내 두려운 위력을 선보이며 압도적인 존재감을 뿜어낸다.

그렇다면 이어지는 질문. 영화 같은 가상 세계가 아니라 현실 세계에서 무유할 수 있는 방법은 무엇일까? 나의 형태와 크기와 부피를 상대에게 강요하지 않는 것, 경청이다. 대부분 사장은 듣지 않는다. 말하기 바쁘다. 귀가 아닌 입으로 나를 내세우니 조직에 스며들지 못한다.

"직원들이 말을 안 합니다."

수많은 사장이 내뱉는 하소연이다. 답답해 죽겠단다. 직원들이 사장에게 말하지 않는 이유? 간단하다. 말을 해도 듣지를 않으니 말하지 않는 거다. 말을 하면 더 많은 말이 되돌아오니 말하지 않는 거다. 무늬만 경청이다. 그걸 아는 직원들은, 그래서 말하지 않는다. 정성껏 들어야 한다. 이청득심(以聽得心)이라 했다. 들음으로써 상대의 마음을 얻는 거다. 조직에 스며드는 방법이다. 그렇지 않아도 직급 간 심리적 거리가 멀고 먼 우리 사회다. 직급이 한 단계 멀어질 때마다 심리적 거리는 제곱으로 늘어난다는 연구결과를 보면 대리에서 부장까지의 3단계 간 직급 거리는 3이 아니라 9인 셈이다.

팀별 에베레스트산 등정 시뮬레이션. 권력의지가 강한 리더가 이끄는 팀의 성과는 목표 대비 59%였던 반면, 권력의지가 약한 리더가 이끄는 팀은 76%를 달성했다. 권력의지가 강한 리더일수록 더 많이 말했고, 팀원들의 얘기에는 귀를 닫았다. 리더의 개방성이 떨어지니 팀 소통에도 적신호가 켜진다. 성과가 제대로 나오면 이상한 일이다. 하버드비즈니스리뷰 2014년 3월호에 게재된 아티클 'Powerful Leaders, Lower Results'에 소개된 내용이다. 제목 그대로, 지배욕이 강한 리더일수록 성과가 나빠진다는 게 골자다. 권력이 사람들의 입을 다물게 만든다는 얘기다. 협업의 시대다. 사장이 더욱 경청해야 하는 이유다.

'벌거벗은 임금님'을 우리 모두 안다. 임금님이 벌거벗었지만 아무도 말을 못 한다. 바보에게는 보이지 않는 옷이라 하는데, 서슬 퍼런 임금 앞에서 어느 신하가 직언할 것인가? 벌거벗은 채 시가행진을 벌여 사람들의 놀림감이 됐던 임금은 신하들 탓할 것 없다. 신하들에게 어떤 말을 하든 안전하다는 믿음을 주지 못한 자신을 탓할 일이다.

어떤 아이디어이든 눈치 보지 않고 말할 수 있게 해줘야 한다. 내 실수를 솔직하게 털어놓을 수 있도록 해줘야 한다. 도움이 필요하면 거리낌 없이 요청할 수 있도록 해줘야 한다. 리더의 의견에도 부담 없이 반대할 수 있도록 해줘야 한다.

하버드경영대학원 에이미 에드먼슨 교수가 말하는 '두려움 없는 조직(The Fearless Organization)'이란 그런 거다. 관건은 리더의 소통 의지다. 말하는 게 소통이 아니다. 들어야 소통이다. 어떤 얘기를 하든 무시당하거나 불이익을 받지 않는다는 신뢰 구축이 전제다. 그러지 않으면 누구도 얘기하지 않는다. 작은 틈으로도 스며들어 직원과의 진솔한 소통을 빚어내려면? 단언컨대, 해답은 경청이다.

《당신이 옳다》의 저자 정혜신 박사는 경청을 이렇게 풀이한다.

"상대의 마음이나 느낌, 감정에 대한 궁금증을 가져야 한다. 심폐소생술을 실시할 때 속옷까지 벗기고 심장 정중앙에 정확하게 힘을 가해 마사지를 해야 심박동이 돌아오듯 상대의 느낌, 감정에 정확하게 공감해야 한다."

불언지교(不言之教). 불언(不言)은 무위(無爲)의 또 다른 표현이다. 억지로 행하지 않아 절로 그러하게 해야 한다. 그게 고수다. 결국 사장이 몸소 보여주는 거다.

자식은 부모의 뒷모습을 보고 자란다 했다. 직원들도 그러하다. 리더의 뒷모습이 직원들에겐 따라야 할 모범이자 표준이 된다. 그러니 이렇게 해라, 저렇게 해라, 다그칠 게 아니다. 앞장서서 직접 보여주는 거다. 솔선수범이다.

폴 매카트니 얘기로 시작한 이번 글은 비틀스 얘기로 맺는다. 비틀스의 마지막 앨범에 수록된 노래 <렛잇비(let it be)>에 나오는 '지혜의 단어(words of wisdom)'는 다름 아닌 '렛잇비(let it be)'이다. 저절로 그러할 테니 그대로 두라는 '렛잇비'는 노자의 무위, 무유, 불언과 똑 닮았다. 지식은 입을 열지만 지혜는 귀를 연다.

노자의 한 마디

하지지유 치빙천하지지견(天下之至柔 馳騁天下之至堅).

세상에서 가장 부드러운 것이 세상에서 가장 단단한 것을 말 달리듯 부린다. 직원들의 마음속에 스며들어야 한다. 가랑비에 옷 젖는 줄 모르듯 마음의 문을 두드려 시나브로 열어야 한다. 그러려면 어떻게 해야 하냐고? 고정된 형식이 없어야 한다. 유연해야 한다. 그래야 직원들 마음의 바늘만 한 틈으로도 스며들어 갈 수 있다.

자연으로부터 얻는 경영의 세 가지 지혜

'스스로 그러함'에 경영의 핵심이 숨어 있다

인간은 땅으로부터 먹을 것을 얻는다. 곡식을 얻고, 채소를 얻고, 고기를 얻는다. 그러니 사람은 땅을 근거로 산다. 땅은 하늘에 따라 변한다. 하늘의 운행에 따라 사계절이 바뀌며, 하늘의 운행에 따라 지형이 바뀐다. 그러니 땅은 하늘을 근거로 삼는다. 하늘은 우주 존재의 원리이자 법칙인 도(道)를 근거로 삼는다. 그 도는 자연(自然)을 따른다.

그래서 노자가 얘기했다. 인법지 지법천 천법도 도법자연(人法地 地法天 天法道 道法自然). 사람은 땅을 본받고, 땅은 하늘을 본받으며, 하늘은 도를 본받고, 도는 자연, 즉 '스스로 그러함'을 본받는다. 《도덕경》 25장이다.

오해해선 안 될 부분이 있다. 여기에서 자연은 산, 강, 바다, 동물, 식물, 비, 바람, 구름 등을 가리키는 자연(nature)이 아니다. 사람의 힘을 더하지 않은 저절로 된 그대로의 현상 또는 사람의 힘으로 어찌할 수 없는 우주의 질서나 현상을 말한다.

'무위자연(無爲自然)'의 자연 역시 이런 의미다. 인위적인 개입이나 작위적인 조작 없이 존재하는 '스스로 그러함'이다.

그저 하늘에 순응하며 천명(天命)을 따르던 시절이 있었다. 그런 인식에 반기를 들고 '하늘로부터의 인간 독립'을 선언한 철학자가 있었으니, 공자와 노자였다.

공자는 천명 대신 '인(仁)'을 주장했다. 인간이 인간인 이유는 천명 때문이 아니라 했다. 인이 있기에 인간은 인간으로 존재하는 거라 했다. 인을 잘 유지하고 갈고 닦기 위한 수단과 절차로 공자는 예(禮)를 강조했다. 욕심을 버리고 예로 돌아갈 때 인이 극대화된다는 거다. 극기복례(克己復禮)다.

천명을 대체하는 개념을 '인간'에게서 찾은 공자와 달리 노자는 '자연(nature)'을 천착했다. 자연은 사람이 정해놓은 규칙에 따라 움직이지 않는다. 사람이 정해놓은 규정에 따라 움직이지 않는다. 때가 되면 해가 떴다가 때가 되면 해가 진다. 때가 되면 싹이 났다가 때가 되면 잎이 진다. 낮과 밤의 변화가 그러하고,

여름과 겨울의 변화가 그러하다. 누가 시킨 게 아니다. 자연은 저절로 그러한 것이다.

그래서 노자가 말했다. 천지는 인자하지 않다(天地不仁)고. 가뭄에 목말라하는 대지를 위해 하늘이 비를 뿌려주는 게 아니라는 얘기다. 그저 비 올 때가 돼 비가 내린다는 얘기다. 노자의 시선은 이처럼 인간의 주관을 넘어 자연의 객관을 향한다.

사람이 인위적으로 만들어놓은 주관적 틀을 뛰어넘기에 자연은 변화무쌍하다. 이럴 때는 이러해야 하고 저럴 때는 저러해야 한다는 당위론적 규범을 벗어나기에 자연은 자유롭다. 자연은 그저 자연의 섭리에 따라 움직이고 변한다.

저절로 그러하기에 자연은 투명하고 보편적이다. 자연의 객관성이다. 저절로 그러한 자연에서 얻을 수 있는 경영의 지혜 역시 크고 깊다.

첫째, '스스로 그러함'에는 '중앙'이 없다. 자연에는 권력을 가진 자가 따로 없고, 권력을 뺏긴 이가 따로 없다. 그러니 중앙도 없고 변방도 없다. 모두가 중앙이고, 모두가 변방이다. 지시와 명령이 없으니 복종과 굴종 또한 없다. 저마다의 속도와 저마다의 방향으로 그저 굴러갈 뿐이다. 모두가 주인인 셈이다.

노자의 '자연' 개념은 작금의 비즈니스 현장과 오롯이 부합한다. 비트코인은 국가권력에서 벗어난 최초의 화폐다. 정부가 화폐의 가치를 정하는 게 아니다. 모든 거래 기록을 개인에게 분산했다. 아무도 관리하지 않지만, 모두가 관리하는 화폐, 비트코인의 기반 기술이 바로 블록체인이다. 블록체인의 진정한 의미와 가치는 여기에 있다.

중앙집권형 시스템의 미래형 대안. 요컨대, 블록체인이 정부기관이나 공공기관을 대체하는 효과를 가져온다는 의미다. 블록체인의 철학적 기반은, 그래서 탈(脫)중앙화다. 정부의 중앙집권적 통제에 따라야만 했던 사람들이 직접 화폐를 만들어 유통하며 새로운 경제 패러다임을 만들어낸 거다.

시대의 도도한 흐름을 더 거스를 수 없다고 판단한 각국 정부들은 암호화폐를 제도권 울타리 안으로 받아들이기 시작했다. 암호화폐의 판정승이다. 중앙에 대한 변방의 판정승이기도 하다.

중앙은 명령하고 변방은 따르던 건 옛날얘기다. 중앙과 변방의 수직적 개념은 사라졌다. 네트워크로 이어진 수평적 동반자 관계다. 리더와 직원의 관계가 그렇고, 기업과 고객의 관계가 그렇다. 중앙에서 변방으로의 권력 이양이 비즈니스의 성공 관건이다. 직원과 고객을 인정하고 존중할 때 나의 비즈니스 또한 빛을 발한다.

둘째, '스스로 그러함'에는 '기준'이 없다. 대형마트 주류 코너. 수많은 종류의 맥주가 우릴 반긴다. 대형 브랜드 맥주뿐만 아니다. 작은 양조장이 빚은 수제맥주도 한가득하다. 예전 같으면 누구도 쳐다보지 않았을 중소 브랜드들이다. 강서맥주, 전라맥주, 제주맥주 등 톡톡 튀는 지역 맥주도 인기다. 사정이 이러니 대기업 자본도 중소 브랜드로 흘러든다.

맥주만 그러랴. 독립잡지도 강세다. 사진 잡지, 음악 잡지, 음식 잡지, 도시 잡지 등 주제도 다양하다. 특정 분야 특정 주제만 들입다 판다. 자기만의 확고한 전문성으로 사람들의 눈길을 끈다. 남들 따라가기보다는 자신만의 취향을 고수하는 사람들. 그들이 이들 잡지의 독자다.

"나는 검은 피부색의 여성이 결코 아름답다고 여겨지지 않는 세상에서 자랐다. 오늘로 그런 생각을 끝내야 한다."

2019년 미스 유니버스에 빛나는 남아공 출신 조지비니툰지의 말이다. 피부색으로 정의하던 미(美)의 기준은 해체됐다. 색깔이 다르다고 구분돼야 할 것은 빨랫감뿐이다. 모두가 저마다의 존재 그 자체로 아름답다.

핀란드 내각은 19명의 인원 중 총리를 비롯해 12명이 여성이다. 정부의 고위공직자가 반드시 남자여야 할 이유는 없다. 누구나 능력만 있다면 맡을 수 있는 자리다. 명문대학교를 졸업한 중년의 남성들만 전유했던 고위공직 역시 그 적임의 기준이 무너지고 있다. 젊다고, 여자라고, 장애인이라고 고위공직 못 하란

법 없다. 메이저와 마이너를 가르던 기준의 붕괴. 마이너 전성시대다.

셋째, '스스로 그러함'에는 '구분'이 없다. 하지만 인간의 주관적 시선은 대상을 구분하기 바쁘다. 분별의 지혜라며 해와 달을 구분했고, 불과 물을 달리 봤다. 자연은 다르다. 여름에는 물이었다가 겨울에는 얼음이 된다. 봄에는 씨앗이었다가 가을에는 열매가 된다. 달라 보이지만 뿌리를 캐보니 다르지 않다. 이건 이것이고 저건 저것이라는 구분의 틀에서 벗어나야 한다.

이것과 저것을 이어 붙이는 상상과 창의가 주목받는 세상이라서다. 4차산업혁명과 디지털 트랜스포메이션으로 인해 오늘 다르고 내일 다른, 변화무쌍한 세상이라서다.

고정좌석을 없애고 자율좌석제를 도입한 기업들이 늘어나고 있다. 나의 자리, 너의 자리라는 고리타분한 구분의 틀을 깨니 효율이 올라간다. 상황에 맞춰 적합한 자리를 선택할 수 있으니 효과 만점이다. 이렇게 얽히고 저렇게 설키니 결국은 하나다. 둘이 아니다(不二). 그러니 다르지 않다.

이질적인 요소들이 연결돼 새로운 가치를 만들어내는 창의는 그렇게 빚어진다. 크로스오버와 하이브리드 개념의 부상이다. 커피 맛 콜라와 라면 맛 감자 칩은 그래서 인기다. 씨줄과 날줄이 서로 엮여야 제대로 된 천이 나온다. 문과와 이과의 칸막

이를 허문 것도 그래서다. 새로운 시대에 맞춤하는 융합형 인재를 길러내기 위해서다. 산업화 시대의 '반쪽 인재'로는 새로운 세상을 리드할 수 없어서다.

노자의 한 마디

무위자연(無爲自然).

'스스로 그러함'에는 이처럼 '중앙'이 없고, '기준'이 없고, '구분'이 없다. '수직'에서 '수평'으로의 변화고, '전체'에서 '개별'로의 변화고, '단절'에서 '연결'로의 변화다. 재빨라야 급격한 세상 변화에 제때 대처할 수 있다. 그러려면 유연해야 한다. 세상 만물 제각각의 변화를 품어 안는 자연은 스스로 그러하기에 유연하다. 노자의 자연에서 경영의 지혜를 찾아 읽는다. 사장이라면 당장 《도덕경》부터 톺읽을 일이다. 자연이 스승이다.

노자가 말하는 '찐 사장'의 모습

자기인식 : '병식(病識)'이 있어야 병을 고친다

다들 자기 잘난 맛에 산다. 자기는 잘한단다. 문제는 남들이란다. 고액의 복권에 당첨돼도 나는 잘살겠지만, 다른 사람들은 인생이 엉킬 거라 믿는다. 나는 깨어 있고 열려 있어 아무 문제 없지만, 다른 사람은 꽉꽉 막혀 있어 사달이 날 거로 생각한다. 거울에 비친 자신의 모습을 호랑이라 착각하는 고양이가 따로 없다.

지기추상 대인춘풍(持己秋霜 待人春風)이라 했다. 남을 대할 때는 봄날 바람처럼 하고, 나를 지킴에는 가을 서리처럼 하라는 뜻. 요컨대, 남에겐 관대하고 스스로에겐 엄격하란 얘기다. 《채

근담》이 원전이다.

내가 병에 걸려있다는 걸 깨닫는 것을 '병식(病識)'이라 한다. 병식이 있어야 병을 고칠 수 있다. 스스로 건강한 줄 아는데 무슨 병을 어떻게 고칠 것인가?

"어디를 가나 미친놈 하나씩 있다는데 우리 부서는 그런 게 없네."

해맑게 웃으며 직원들에게 말을 건네는 김 부장. 말로 뱉어내진 못해도 눈으로는 '그게 너'라며 다들 김 부장을 쏘아보지만 김 부장은 눈치채지 못한다. 병식이 없어서다. 꼰대는 자기가 꼰대인 줄 모른다. 그걸 안다면 꼰대일 리 없다.

노키아 케이스도 맥이 같다. 당대 휴대폰 시장을 좌지우지했던 글로벌 최강의 기업이었다. 2007년만 해도 전 세계 휴대폰 시장의 41%가 노키아의 것이었다.

세상이 내 발아래 있으니 보이는 게 없다. 시장의 경고? 지나가던 개가 웃을 소리다. 우리 노키아가 실패할 리 없다. 성공에 취한 노키아는 위기를 위기라 인정하지 않았다. 아니, 인정할 수 없었다. 위기가 아니니 위기에 대한 대응책 또한 나올 리 만무했다.

애플의 아이폰 출시에 코웃음을 쳤던 노키아는 점점 헤어나올 수 없는 늪으로 빠져들었다. 결국, 휴대전화 사업 부문을 마이크로소프트에 매각해야만 했던 노키아는 절치부심, 초심으로 돌아갔다. 현실 인정! 노키아 재건의 출발점이었다. 있는 그대로의 현실을 인정하고 받아들인 거다. 쉽지 않은 일이다. 나의 약점과 단점이 빚어낸 부진한 실적을 인정하는 솔직함은 그래서 용기다. 아프면 아프다는 걸 인정해야 한다. 그래야 병을 고칠 수 있다.

개인이나 조직이나 리더십은 결국 자기인식의 이슈다. 내가 나를 알아야 한다. 그런데 잘 모른다. 객관적이지 못해서다. 주관적이라서다. 남들이 다 아는 나를, 그래서 나만 모른다. 노자는 자기인식의 중요성을 이렇게 갈파한다. 《도덕경》 33장에서다.

지인자지 자지자명(知人者智 自知者明). 남을 아는 사람은 지혜롭다. 하지만 더 강한 이가 있다. 자신을 아는 사람이다. 자기를 아는 이가 진짜 현명한 사람이다. 승인자유력 자승자강(勝人者有力 自勝者強). 남을 이기는 사람은 힘이 있다. 하지만 더 강한 이가 있다. 자신을 이기는 사람이다.

자기를 이기는 이가 진짜 강한 사람이다. 우리는 반대다. 남에 대해서는 시시콜콜 모르는 게 없다. 이 친구는 이래서 문제고, 저 친구는 저래서 안 된다. 나는 어떠냐고? 나야 뭐 항상 최고지. 오해이고 착각이다. 나를 잘 모르니 하는 소리다.

무능하고 무지할수록 자신감이 하늘을 찌른다는 연구결과가 있다. '더닝 크루거 효과(Dunning-Kruger effect)'다. 코넬대학교 데이비드 더닝 교수와 대학원생 저스틴 크루거가 연구하고 실험한 결과를 토대로 한 이론이다. 무능한 사람은 자신을 과대평가하고, 유능한 사람은 자신을 과소평가한다는 게 골자다.

경험이 없을 때는 자신감이 하늘을 찌른다. 경험이 쌓이면서 하락하던 자신감이 일정 수준 이상의 경험치를 갖게 되면 다시 상승한다. 우리 속담에도 있듯 선무당이 사람 잡는다고 얘기다. 그래서일까, 어느 분야든 진정한 고수라면 입에 달고 사는 말이 있다.

"알면 알수록 어렵고 힘들어요."

2000년대 초반 인터넷 기업 다음(Daum)에서 마케팅 담당자로 일할 때 얘기다. 일반적인 대기업에선 층층시하 대면보고 결재를 받아야 업무를 진행할 수 있었다. 다음에서는 아니었다. 담당자로서 기획한 내용을 팀장에게 메일로 알리고 의견을 구한다. 그걸로 끝. 특별한 문제가 없다면 담당자의 기획안은 그대로 진행된다.

처음엔 무척이나 신이 났다. 현장감 떨어지는 상사들이 말도 안 되는 이유로 금쪽같은 내 기획안을 누더기로 만드는 일이 없으니, 다음은 천국이었다. 아, 이 맛에 벤처기업 다니는구나.

그런데 웬걸, 시간이 좀 더 흐르면서 불안감이 엄습해왔다. 담당자인 내가 기획하고 결정하면 회사가 그 방향으로 움직이는 거다. 일반 대기업이라면 대리급 연차였던 시절. 나의 이 판단이 정말 최선일까? 무림의 쟁쟁한 고수들이 보면 비웃지 않을까? 모를 땐 몰랐지만, 알고 나니 덜컥 겁이 난 거다.

하늘을 찔렀던 자신감은 이내 사라졌다. 잃어버린 자신감을 되찾은 건 더 많은 경험이 쌓이고 나서였다.

하얀 종이에 커다란 원과 작은 원이 그려져 있다. 원의 영역을 '앎(knowledge)'이라 한다면, 원의 크기는 곧 앎의 크기다. 큰 원의 원둘레는 작은 원의 그것보다 더 크다.

다시 말해 원의 외부인 미지의 영역과 더 크고 더 많은 면을 접해 있는 거다. 그러니 많이 아는 사람은 모르는 것도 많다는 걸 안다. 조금 아는 사람은 모르는 게 별로 없다고 생각한다. 결론은 간단하다. 무지하면 용감한 거다.

운과 실력을 구분하지 못하는 사람이 많다. 태어날 때 입에 금수저를 물려줬더니 스스로가 힘들게 금광을 캔 줄 착각하는 사람들 말이다.

3루타를 쳐서 3루에 있는 줄 알지만, 운 좋게 3루에서 태어났을 뿐이다. 그런데도 자기는 실력 하나로 이 자리까지 왔단다. 거짓말이 아니다. 스스로는 진짜 그렇게 믿는다. 자기가 구축한

'대안적 사실'의 견고한 성에 갇힌 꼴이다. 자신을 객관적으로 바라볼 능력이 없으니 생겨나는 비극이다.

훌륭한 사장은 다르게 말한다.

"운이 좋았을 뿐입니다."

벼는 익을수록 고개를 숙인다. 사람도 그렇다. 자신감이 부족하니 겸손하다고? 편견이다. 겸손을 토대로 자신을 객관적으로 인식하려 노력하는 리더, 겸양을 기반으로 타인에게 공정하려 노력하는 리더. 이들이 조직을 행복한 성장으로 이끈다. 《좋은 기업을 넘어 위대한 기업으로(Good to Great)》의 저자 짐 콜린스도 '자기 낮춤'을 강조했다. 조용한, 자신을 낮추는, 겸손한, 조심스러운, 수줍어하는, 정중한, 부드러운, 나서기 싫어하는, 말수가 적은, 자신에 관한 기사를 믿지 않는. 위대한 조직을 일구어낸 리더들을 인터뷰한 콜린스가 그들의 모습에서 찾아낸 공통점들이다.

드러내지 않지만 드러나는 존재감. 노자가 말하는 '찐 사장'의 모습이다. 그런 사장이 되려면? 남을 살필 게 아니라 자신을 살펴야 한다. 남을 이길 게 아니라 자신을 이겨야 한다. 남을 향한 비판과 경계의 시선을 내게로 돌려야 한다. 나를 향한 자애와 긍휼의 마음을 남에게 돌려야 한다.

"과인은 고결하지도 않고 다스리는 데 능숙하지도 않소이다. 하늘의 뜻에 어긋나게 행동할 때도 분명히 있을 것이오. 그러니 공들은 과인의 결점을 열심히 찾아 과인이 그 질책에 응답하게 하시오."

세종의 말씀이다. 노자가 설파한 '찐 사장'의 모습을 세종대왕에게서 본다. "너 자신을 알라"며 툭 내뱉고 간 소크라테스의 그 말을 오늘도 잘근잘근 곱씹는 이유다.

노자의 한 마디

지인자지 자지자명(知人者智 自知者明).
승인자유력 자승자강(勝人者有力 自勝者強).

남을 아는 사람은 지혜롭다. 하지만 더 강한 이가 있다. 자신을 아는 사람이다. 자기를 아는 이가 진짜 현명한 사람이다. 남을 이기는 사람은 힘이 있다. 하지만 더 강한 이가 있다. 자신을 이기는 사람이다. 드러내지 않지만 드러나는 존재감. 노자가 말하는 '찐 사장'의 모습이다. 그런 사장이 되려면? 남을 살필 게 아니라 자신을 살펴야 한다. 남을 이길 게 아니라 자신을 이겨야 한다.

강과 바다에 온갖 하천의 물이 몰려드는 이유

'권력중독'에 대처하는 우리의 자세

공격적이다. 쉽게 흥분한다. 잘못을 저지르고도 양심의 가책을 느끼지 못한다. 겉보기에는 사교적이지만 속내는 다르다. 자신의 성취를 위해서는 수단과 방법을 가리지 않는다. 타인을, 나의 성공을 위한 도구로 여긴다. 상대에 대한 존중과 배려는 엿 바꿔 먹은 지 오래다. 소시오패스다. 반사회적 인격장애의 일종이다. 주로 환경적인 결핍 요인에 의해 발현된다.

문제는 이런 소시오패스가 아주 가까이, 우리 조직 안에 있다는 거다. 창궐하는 직장 내 소시오패스는 '갑질'이란 이름으로 마각을 드러낸다.

사업의 시작 단계를 지나 경쟁에서 '생존'하려는 조직에서는 이 '갑질'은 가장 큰 장애 중 하나다.

사실 누군가를 배려한다는 건 많은 에너지가 필요하다. 내 맘대로 하면 편할 텐데 상대를 챙기고 살피자니 힘든 거다. 수준 미달의 상사들이 자신의 감정을 여기저기 배설하듯 풀어놓는 이유다.

그렇게 당한 직원은? 만만한 상대를 찾는다. 당한 만큼 갚아준다. 위에서 시작된 갑질이 아래로 확산하는 과정이다. 선배에게 맞던 후배가, 후배를 때리는 선배가 되는 거다. 옛말 틀린 것 하나도 없다. 욕하면서 닮아간다. 사장의 갑질은, 그렇게 조직 전체의 문화가 된다. 갑질의 일상화다.

최근 언론을 통해 불거진 직장 내 갑질 사례는 부지기수다. 폭언과 폭행뿐만 아니다. 무시와 협박, 성희롱과 성폭력에 이르기까지 행태 또한 다양하다. 난무하는 갑질은 구성원의 영혼을 갉아먹는다.

일상이 돼버린 직장 내 괴롭힘을 견디다 못해 꽃다운 목숨까지 버린 어느 간호사. 내가 죽어도 우리 병원 사람들은 안 왔으면 좋겠다는 유서 내용이 참담할 따름이다.

권력은 사람의 뇌를 바꾼다. 인간을 오만하게 만든다. 모든 상황을 자신이 통제할 수 있다는 환상에 빠뜨린다. '승자의 뇌'의 저자 이언 로버트슨 교수의 진단이다. 자신도 통제할 수 없는 과도한 권력을 가지면 공감 능력이 떨어진다. 시야도 좁아진다. 오직 목표를 향해서만 돌진하게 된다. '권력 중독'이다.

중독의 폐해는 또 있다. 권력에 취한 사장은 직원을 대상화한다. 사물로 바라본다. 자유를 빼앗고 학대한다. 프랑스 실존주의 작가 장 폴 사르트르도 얘기했다. 자신의 시선으로 제멋대로 남을 재단하고 심판하는 세상에서 '타인은 지옥(Hell is other people)'이라고. 수많은 직장 내 갑질은 권력 중독자에 의해 벌어지는 가슴 아픈 참사다.

회사 상황은 악화일로. 직원 월급도 제때 못 주는 판에 사장은 자신의 차를 업그레이드한다. 회삿돈으로 더 비싼 차를 타고 다닌다. 직원들은 피가 거꾸로 솟지만, 악질 보스는 자기의 악행을 알지 못한다. 안다고 하더라도 이유를 댄다. 합리화한다. 자기를 객관화하는 능력이 부족해서다.

사장에게 부단한 성찰이 필요한 건 그래서다. 말 안 듣는 직원들을 어떻게 해야 고칠 수 있을까? 질문부터가 잘못됐다. 그들이 바뀌려면 내가 어떻게 해야 할지 고민해야 한다. 문제는 나다. 나부터 바뀌어야 한다.

시켜서 하는 억지 노동이 아니라 마음에서 우러나오는 직원의 헌신은 그렇게 만들어지는 법이다.

권력 중독을 미연에 방지코자 하는 사장에게 《도덕경》 61장은 필독의 텍스트다. 대국자하류 천하지교 천하지빈(大國者下流 天下之交 天下之牝). 큰 나라는 강의 하류와 같다. 천하의 모든 사람이 모여드니 천하를 품어 안는 암컷이다. 빈상이정승모 이정위하(牝常以靜勝牡 以靜爲下). 암컷은 항상 수컷을 이긴다. 특유의 고요함으로 자신을 낮춰서다. 대국이하소국 즉취소국(大國以下小國 則取小國). 그러니 큰 나라가 자신을 낮춰 작은 나라를 대하면 작은 나라의 지지를 얻을 수 있다.

낮추니 모여들고, 낮추니 이기며, 낮추니 얻는다. 사장이 배워야 할 겸손의 지혜다. 권력 중독을 막기 위한 성찰의 지혜다. 맞다, 겸손이 밥 먹여준다..

노자의 겸손 찬양은 《도덕경》 66장에서도 이어진다. 강해소이능위백곡왕자 이기선하지 고능위백곡왕(江海所以能爲百谷王者 以其善下之 故能爲百谷王). 강과 바다에 온갖 하천의 물이 몰려드는 까닭? 강과 바다가 스스로를 기꺼이 낮추기 때문이다. 강과 바다가 세상 모든 계곡물을 품을 수 있는 이유다.

욕상민 필이언하지 욕선민 필이신후지(欲上民 必以言下之 欲先民 必以身後之). 백성들 위에 서서 그들을 어우르고 싶다면 반드시 몸가짐을 낮춰야 한다. 백성들 앞에 서서 그들을 이끌고 싶다면 반드시 스스로를 뒤로 물려야 한다. 낮춰야 어우를 수 있고,

물러서야 이끌 수 있는 거다.

탁월한 사장이 단상 위에 서서 아래에 있는 우매한 직원을 리드하던 시대는 끝났다. 높이의 차이는 사라졌다. 사장을 능가하는 무림 고수가 조직 내에 즐비하다. 그들을 대상으로 내 권력을 남용한다? 실패를 재촉하는 길이다. 직장은 이제 상생을 위한 협업의 공간이라서다. 개방과 공유의 즐거운 놀이터라서다.

'겸손'과 함께 권력 중독 예방을 위한 또 하나의 키워드는 '진실'이다. 경찰에 검거된 연쇄살인범. 동네 사람들이 입을 모아 하는 말이 있다. 평소 행실을 보면 법 없이도 살 사람이었다는 거다. 감쪽같이 사람들을 속인 결과다. 하지만 간과한 게 있다. 다른 사람들은 속일 수 있어도 나를 속일 수는 없다. 중요한 건 '스스로에 대한 진실'이다. 나에게 진실해야(be true to myself) 한다.

아름다운 이야기에 감동하던 시절이 있었다. 이제는 아니다. 진실의 이야기들 사이로 거짓과 가짜 이야기들이 독버섯처럼 돋아나서다.

불신의 시대. '스토리텔링(story-telling)'만으로는 부족한 이유다. '스토리두잉(story-doing)'해야 한다. 입이 아니라 몸으로 보여주는 거다. 논어에도 나온다. 군자는 행동으로 말하고, 소인은 혀로 말한다.

그래서 '신독(愼獨)'을 이야기한다. '삼갈 신(愼)'에 '홀로 독(獨)'. 신독의 '독(獨)'은 '홀로 있음'이다. 다른 이와 함께 있더라도 남들은 모르는 내 마음이 '독(獨)'이다. 신독은, 혼자 있을 때도 도리에 어긋나지 않도록 조심해야 한다는 의미다. 혼자 있을 때도 말과 행동을 삼가라는 의미다.

보는 이도 없는데 굳이 그래야 하냐고? 물론이다. 하늘이 알고, 땅이 알며, 내가 안다. 디지털로 인해 유리구슬처럼 투명한 세상이 됐다. 눈 가리고 아웅 할 수 없는 노릇이다. 홀로 서 있을 때도 나의 그림자에 부끄러움이 없어야 한다. 홀로 잠을 잘 때도 덮고 있는 이불에 부끄러움이 없어야 한다. CCTV 한 대가 온종일 나를 따라다니며 나의 일거수일투족을 촬영한다 생각하면 쉽다. 사장이 감당해야 할 왕관의 무게다.

권력은 우리 눈을 멀게 한다. 마약이나 다름없다. 해결책은 권력에 대한 공고한 감시와 견제의 시스템이다. 상황이 허락하지 않는다면? 차선책은 '사장의 절제'다.

치인사천막약색(治人事天莫若嗇)이라 했다. 백성을 다스리고 자신을 닦는 데에 '절제'만큼 중요한 것은 없다. 절제는 도를 따르는 행위다. '도를 따름'은 곧 '덕을 쌓음'이다. 중적덕 즉무불극(重積德 則無不克). 끊임없이 덕을 쌓으면 이루지 못할 일이 없다. 그래서 성인은 자신을 알지만 드러내지 않는다. 자신을 사랑하지만, 귀히 여기지 않는다. 다투지 않으니 천하에 그와 맞싸울 사람이 없다. 무심한 달항아리를 빼닮은 절제의 미학이다.

노자의 한 마디

해소이능위백곡왕자 이기선하지 고능위백곡왕(江海所以能爲百谷王者 以其善下之 故能爲百谷王).

강과 바다에 온갖 하천의 물이 몰려드는 까닭? 강과 바다가 스스로를 기꺼이 낮추기 때문이다. 권력 중독에 빠지지 않으려면? 그래, 답이 나왔다. 낮춰야 한다. 삼가야 한다. 진실해야 한다. 절제해야 한다.

PART 4

도전

달라진 세상에 맞춤하는 혁신을 꿈꾸는 사장에게

실리콘밸리 CEO들이 버닝맨 축제에 가는 이유

기준을 따를 것인가? 기준을 만들 것인가?

아랍의 어느 부자가 두 아들을 불렀다.

"사막 한가운데 있는 오아시스에 다녀와라. 경주에서 이기는 말에게 전 재산을 주겠다. 그런데 일반 경주와는 규칙이 다르다. 상대방 말보다 늦게 돌아와야 이긴다."

두 아들은 고민했다. 이글거리는 해를 머리에 이고 불볕더위의 사막을 건너되, 상대보다 늦게 돌아와야 한다? 사막에서의 느림은 곧 죽음이다. 이럴 때 필요한 게 명확한 문제 정의다. 느려야 이기는 게 아니라 빨라야 이기는 거로 상황을 바꿀 수 있다면? 늦게 돌아오는 말이 이긴다는 얘기인즉슨 빨리 돌아오는 말이 진다는 것. 새로운 관점으로 문제를 정의하니 해답이 간명해졌다. 두 아들은 서로 말을 바꿔 탔다. 그러고는 전속력으로 달렸다.

일반적인 생각과는 반대되는 '생각을 해냄' 또는 그 '생각'. 역발상의 정의다. 역발상은 틀을 깨는 과정에서 생겨난다. 내 생각을 옥죄던 수갑과 족쇄를 깨부수는 거다. 답습이란 감옥으로부터의 탈출이다. 상식과 비상식, 정답과 오답이 한순간에 뒤바뀌는 디지털 혁명의 세상. 역발상은 이제 경쟁력이다.

노자 《도덕경》은 역발상의 텃밭이자 보고다. 역발상의 창의와 통찰이 곳곳에 넘쳐난다. 이를테면 이런 거다. 서른 개의 바큇살이 하나의 바퀴 통에 연결된다. 바퀴 가운데의 빈 곳이 있기에 수레와 연결돼 바퀴로서 제 역할을 한다. 생각지도 못했던 '빔'의 효용이다. 진흙을 이겨 만든 그릇도 가운데가 비어있다. 그 '빔'이 그릇으로서의 쓸모를 만든다. 창과 문이 뚫린 방도 마찬가지다. 뭔가로 가득 차 있는 방은 더 방으로서의 효용이 없다.

유지이위리 무지이위용(有之以爲利 無之以爲用). '있음'이 이로운 것은 '없음'이 효용이 되기 때문이다. 《도덕경》 11장에 나오는, '있음'과 '없음'의 가치를 되돌아보게 하는 역발상의 문장이다.

노자가 무척이나 흡족해했을 역발상의 브랜드로 다이슨이 있다. 다이슨 선풍기는 기존 선풍기보다 더 센 바람을 만들어내는 게 아니다. 기존 선풍기보다 효율이 더 높은 것도 아니다. 다이슨 선풍기는 선풍기의 날개를 없애버렸다. 청소하기도 힘들고, 안전사고 문제도 있었던 선풍기 날개. 다이슨은 뭔가를 더 하는 게 아니라 뭔가를 뺌으로써 이 문제를 해결했다. 선풍기 탄생 이후 127년간 굳건히 자리를 지켰던 선풍기 날개가 그렇게 선풍기에서 사라졌다.

다이슨 청소기도 있다. 다이슨 청소기의 인기 역시 뭔가를 없앰으로써 만들어진 것이다. 다름 아닌 먼지봉투다. 먼지봉투를 통해 걸러진 먼지를 봉투째 버리는 시스템. 제조사나 고객이나, 모두가 거기에 길들었다. 먼지가 봉투의 틈새 구멍을 막아 흡입력이 떨어져도 다들 그러려니 했다. 다이슨의 역발상은 이 틈새를 놓치지 않았다. 공기를 고속으로 회전시켜 먼지를 따로 분리해내는 방식을 개발했다. 먼지봉투는 자연스레 사라졌다. '추가'의 효용이 아니라 '제거'의 효용. 다이슨의 성공은 그렇게 '유(有)'가 아니라 '무(無)'를 통해 빚어졌다. '있음'이 아니라 '없음'에서 비롯된 성공이다.

일상에서도 '없음'의 효용은 크다. 먼저, 진공 포장이다. 진공 포장은 음식물의 산화나 부패를 막는다. 맛의 변화도 방지한다.

'채움'이 아니라 '비움'으로써 만들어지는 쓸모다. 질소를 충전해 포장한 과자는 또 어떤가. 비어있지만 비어있는 게 아니다. 그 '빔'이 있어 과자의 신선도가 유지되고, 그 '빔'이 있어 과자가 부서지지 않는다. 회의 중 잠깐의 휴식 시간도 그렇다. 몰아쳐야만 능사가 아니다. 도끼질도 날을 벼려가며 해야 한다. 마이크로소프트의 빌 게이츠 전 회장이 그 바쁜 와중에 1년에 두 차례, 혼자만의 '생각 주간(Think Week)'을 가졌던 이유다. '비움'과 '없음'의 가치는 이처럼 차고 넘친다. 새로운 '생겨남'과 새로운 '채워짐'으로 이어지는 효용이다.

노자가 말하는 '없음'은 '그저 없음'이 아니다. '그냥 없음'이 아니다. '있음'을 잉태한 '없음'이다. 새로운 가치와 효용이 그 '없음'에서 생겨난다. 그래서 노자의 무는 '절대무'가 아니다. '있음'의 다른 형태다. '있음'과 '없음'은 그렇게 공존하고 상생한다. 그런데도 우리는 눈에 보이는 것, '유(有)'에만 집착한다. 자꾸 채우려고만 한다. '있음'으로의 지향이다. 노자가 말한 바퀴통과 질그릇과 방의 사례를 기억해야 한다. 채우면 애초의 목적이 사라진다. 비워야 존재의 의미가 생겨난다. '있음'에서 '없음'으로 우리의 시선을 돌려야 한다.

미국 네바다주 사막 한가운데. 해마다 8월 마지막 주면 전 세계 수많은 사람이 모여든다. 축제 아닌 축제 '버닝맨(Burning

Man)'. '버너(Burner)'라 불리는 참가자들은 일주일을 살아남기 위한 물과 음식, 잠자리와 갖가지 필수품을 직접 챙겨와야 한다. 여기서 하는 일은 딱 하나다. 자기 신뢰를 바탕으로 자기를 발견하고, 자기를 표현하는 거다. 다양한 작품과 퍼포먼스, 네트워킹이 한데 어우러진다. 표현예술의 가상 도시 '블랙록시티(Black Rock City)'가 그렇게 생겨난다. '없음'에서 생겨난 이 도시는 일주일간 존속하다 행사 마지막 날 흔적도 없이 사라진다. '없음'으로의 회귀다.

'버닝맨'은 '없음'의 플랫폼이다. 아무것도 없는 사막 한복판(A city in the desert), 세상의 모든 틀을 없애버렸다. 모든 '있음'이 사라진 '없음'의 자리에 새로운 '있음'이 싹을 틔운다. 그 '있음'은 가능성의 문화다(A culture of possibility). 꿈꾸는 사람과 행동하는 사람들의 네트워크다(A network of dreamers and doers). '있음'과 '없음'의 기준이 뒤바뀌니 그동안 보지 못했던 새로운 세상이 보인다. '리얼월드(Real world)'다. '디폴트월드(Default world)'가 내가 선택할 수 없었던 삶의 방식, 즉 '인위적 있음'으로 가득한 세상이라면, 리얼월드는 반대다. 나를 구속하는 모든 것들을 없애버리니 모든 게 나로 비롯된다. 스스로 자(自), 말미암을 유(由), 자유다. 그러니 내가 나로 살 수 있다. 편안한 내 집이 따로 없다. "웰컴 홈"이 버너들의 인사인 이유다.

버닝맨에서 노자를 읽어낸다. 만들어 채우는 게 아니다. 없애서 자유로운 거다. 나다움이 만들어내는 그 자유가 우리를 창의와 혁신으로 이끈다. 일론 머스크(테슬라), 세르게이 브린과 래리 페이지(구글), 마크 저커버그(페이스북) 등 혁신 영감에 목마른 유명 창업가와 예술가들이 버닝맨을 즐겨 찾는 건 그래서다. 기존의 기준에 발목이 잡혀서는 한 발짝도 나아갈 수 없다.

혁신은 새로운 기준을 만드는 거다. '있음'이 아닌 '없음'의 가치를 보아낸 노자의 혁명적 역발상이 필요한 대목이다. 기준을 따를 것인가? 기준을 만들 것인가? 사장이 스스로 던져야 할 질문이다.

노자의 한 마디

지이위리 무지이위용(有之以爲利 無之以爲用).

'있음'이 이로운 것은 '없음'이 효용이 되기 때문이다. 만들어 채우는 게 아니다. 없애서 자유로운 거다. 나다움이 만들어내는 그 자유가 우리를 창의와 혁신으로 이끈다. '있음'이 아닌 '없음'의 가치를 보아낸 노자의 혁명적 역발상이 필요한 대목이다. 기준을 따를 것인가? 기준을 만들 것인가? 스스로 던져야 할 혁신가의 질문이다.

점 찍어주는 사장과 선 그어주는 사장

혁신하는 리더는 확신하지 않는다

통찰의 깊이가 가늠되지 않는다. 그런데도 그 모습을 굳이 표현하자면, 마치 겨울날 개울을 건너는 것 같다(若冬涉川). 사방을 경계하는 것 같다(若畏四鄰). 초대받은 손님 같다(若客). 얼었던 물이 녹는 것 같다(若氷之將釋).

《도덕경》 15장, 도를 터득한 인재의 모습을 노자는 이렇게 묘사한다. 겨울날 개울을 건널 때는 머뭇거리기 마련이다. 잘못하면 물에 빠질 수 있어서다. 사방 경계는 있을지 모를 일에 대한 대비다. 가벼울 수 없다. 남의 집에 초대받은 손님 또한 몸가짐이 경박해선 안 된다. 삼가야 한다. 딱딱한 얼음이 풀리듯 녹는 모양은 연하다. 조심스럽다. 노자가 정의하는 인재의 열쇳말은 결국 '신중함'으로 귀결된다. 이 시대에 필요한 사장의 모습도 다르지 않다.

산업화 시대, 사장의 미덕은 확신과 용기였다. 카리스마 넘치는 리더가 결기에 찬 목소리로 '나를 따르라', 깃발을 들고 나팔을 불었다. 우리 머릿속에 각인된 리더의 모습이다. 하지만 '변화가 일상인 세상'이다. 어제의 상식이 오늘은 궤변이 된다. 정해진 궤도 위로 움직이던 기차가 철로를 벗어난 지 오래다. '하늘을 나는 기차'와 '바다를 헤엄치는 기차'가 낯설지 않다. 시시각각 변하는 세상에서 정답은 없다. 아니, 정답은 많다. '보고 싶은 대로' 보아서는, '봐야 하는 대로' 보아서는 안 되는 이유다. '보이는 대로' 보아야 한다. 그게 신중함이고, 이는 유연함으로 이어진다. 유연하지 않은 사장의 확신은 그래서 위험하고, 신중하지 못한 사장의 용기는 그래서 무모하다.

<복면가왕>이라는 TV 프로그램이 있다. 얼굴에 가면을 쓰고 나와 노래를 부른다. 노래를 부르는 사람의 목소리에 집중할 수밖에 없는 구조다. 노래가 끝나면 가면을 벗고 얼굴을 보여준다. "저 사람이 저렇게 노래를 잘했었나?" 놀람은 탄성과 박수로 이어진다. 그만큼 우리의 눈은 불완전하다. 나도 모르는 색안경을 끼고 있는 셈이다. 모든 걸 다 알고 있다고 생각했는데, 막

상 부딪쳐보니 아닌 거다. <복면가왕>은 확신의 허울을 뒤집어쓴, 우리의 편견과 선입견을 여지없이 뒤엎어버린다. 그 전복의 교훈이 무척이나 크다.

'점을 찍어주는 사장'이 있는가 하면 '선을 그어주는 리더'이 있다. 지금껏 우리의 사장은 선까지 그려줬다. 한 점에서 다른 점으로의 이동에 있어 충분한 지식과 경험이 있어서다. 변화가 없었으니 새로울 건 없다. 그저 과거의 최선책을 알려주는 거다. 팔로워는 두말하지 않고 따라간다. 그게 효율적이기 때문이다. 나중에 책임질 필요도 없으니 시키는 대로 그냥 간다. 사장은 이처럼 '머리'였고, 팔로워는 이처럼 '손발'이었다. 똑똑한 사장 하나만 있으면 조직은 별 탈 없이 굴러갔다. 그런데 웬걸. 어제의 성공방정식이 더 작동하지 않는다. 아침의 뽕나무밭이 저녁에는 바다가 되는 세상이라서다. 분초를 다투며, 있던 길이 사라지고 없던 길이 생겨나서다.

사장이 더는 선을 그어줘서는 안 되는 이유다. 사장의 역할은 점을 찍어주는 거로 끝나야 한다. 방향만 맞는다면 과정은 믿고 맡기는 거다. 목적만 일치하면 수단은 위임하는 거다. 다양성의 포용이다. 포용은 곧 신뢰다. 믿으니 껴안는 거다. 신뢰가 넘쳐나는 조직에서는 모두가 주인이 된다. 시키는 일만 기계적으로 하는, 하라는 일만 수동적으로 하는 '좀비 조직'과는, 시쳇말로 클래스가 달라진다. 사장의 신중함과 유연함이 빚어내는 포용의 힘이다.

같은 이력서임에도 이름만 바꾸었더니 심사위원들의 평가 점수가 달라진다. 남자 이름이냐, 여자 이름이냐에 따라 결과가 천양지차다. 사회와 경제, 정치와 문화 등 전 방위적 지점에서 인간의 편향성은 어김없이 고개를 내민다. 인간이라는 나약한 존재의 한계다. 확신은 금물이다. 끊임없이 스스로 의심해야 한다. 프랑스 계몽주의 철학자이자 작가인 볼테르도 한마디 보탰다.

"의심하는 것은 해로운 일이 아니다. 하지만 확신하는 것은 어리석은 일이다."

자기만의 틀로 세상을 재단하고 판단하는 게 '유위(有爲)'다. 이건 이래서 맞고, 저건 저래서 틀렸다고? 나의 기준이다. '무위(無爲)'는 그런 틀을 깨부수는 거다. 알량한 이론과 경험의 감옥에서 탈출하는 거다. 알을 깨고 나오는, 고통스러운 과정이다. 그래서 무위는 곧 용기다. 어제의 나를 부정해야 오늘의 나로 다시 태어날 수 있다. 자기부정이다. 어제의 나를 죽여야 오늘의 나로 거듭날 수 있다. 자기살해다. 일신우일신. 날마다 새로워지려면 날마다 단절해야 한다. 과거의 나에게 고하는 이별 의식이다. 새로운 나로 다시 태어나는 창조 의식이다. 무위가 창의이며, 무위가 혁신인 이유다. 그런데도 수많은 사장이 여전히 과거를 답습한다. 어제의 해답을 전가의 보도처럼 휘두른다. 결과는? 나락이다. 우리가 사는 건 과거가 아니라서다. 변화 가득한 '지금 여기'라서다. 무위는 결국 불완전한 스스로에 대한 주관적인 확신을 버리라는 노자의 가르침이다.

관건은 포용이다. 포용은 다양성을 껴안는 힘이다. 신중해야 포용할 수 있고, 유연해야 포용할 수 있다. 속도와 효율이 지상과제이던 시절, 기계적인 일사불란함은 조직의 경쟁력이었다. 지금은 아니다. 창의가 경쟁력이고, 그 원천은 다양성이다. 그런데도 '확신의 덫'에 빠져 헤어나오지 못하는 사장들이 숱하다.

"이 직업은 사람을 판단하는 잣대를 만드는 걸 가장 경계해야 한다. 사람의 매력은 천인천색이라 편견 없이 사람을 보기 위해 끊임없이 노력해야 한다."

20년 동안 성혼시킨 커플만 1천 쌍이 넘는다는 어느 커플 매니저의 말이다. 고수다. 고수는 신중하다. 자기 확신에 조심스럽다. 반면, 하수는 '척, 보면 안다.' 한다. 미망과 허상에 사로잡힌 포로 신세다.

변화가 없던 시절, 세상은 단순했다. 이런 인풋이 투입되면 틀림없이 저런 아웃풋이 나왔다. 오랜 기간 그렇게 살아온 사람들의 머릿속에 변수는 없었다. 상수들의 조합만 있을 뿐. 그러니 여기저기서 확신이 넘쳐났다. '확신 없음'은 '능력 없음'과 등가로 치부됐다. 성공을 거머쥔 리더들의 목소리도 덩달아 커졌다. 변화가 상수가 된 지금, 확신은 '경솔함'과 '고루함'의 또 다른 표현이 됐다. 확신이 혁신의 디딤돌이 아니라 걸림돌이 돼버린 것이다. 전제가 달라졌고, 맥락이 바뀌었다. 흐름이 변했고, 상황이 뒤집혔다. 여름에는 반소매 옷을 찾아 입듯, 겨울에는 두꺼운 옷을 꺼내 입어야 한다. 그게 자기만의 정답을 고집하지 않는 혁신리더의 모습이다. 달라진 환경에 유연하게 대응하는 혁신리더의 자세다. 변화를 포용하는 사장은 기업을 혁신할 수 있다.

《도덕경》 15장, 노자는 이렇게 덧붙였다. 보차도자 불욕영 고능폐(保此道者 不欲盈 故能蔽). 도를 가진 사람은 채우려 하지 않는다. 고로 세상 만물을 덮을 수 있다. 비워야 한다. 내려놓아야 한다. 혁신하는 리더는 확신하지 않는다.

노자의 한 마디

여해 약동섭천(與兮, 若冬涉川) 유혜 약외사린(猶兮, 若畏四隣)

신중하도다, 겨울에 살얼음 냇가를 건너듯. 조심하도다, 세상 사람을 두려워하듯. 노자가 정의하는 인재의 열쇳말은 결국 '신중함'으로 귀결된다. 이 시대에 필요한 사장의 모습도 다르지 않다. 확신은 금물이다. 그게 자기만의 정답을 고집하지 않고 혁신하고자 하는 사장의 모습이다.

'플랫폼 리더'가 진짜 사장이다

조직의 성장을 원한다면 플랫폼에 주목하라

"팀원 중 한 명씩만 돌아가며 화장실에 갈 수 있었습니다. 그마저도 10분 이상 다녀오면 안 되고요. 변비라도 있으면 회사에 '변비 있으니 5분만 더 달라'고 말을 해야 허락해 줬습니다."

언론을 통해 알려진, '직장갑질119'라는 시민단체에 접수된 제보 내용이다. 참담할 따름이다.

컨베이어 벨트 위를 지나가는 제품과 한 자리에 서서 그 나사만 조이는 노동자. 화장실 갈 새도 없이 온종일 나사만 조이던 그는 급기야 동그란 것만 보면 나사로 착각하여 조이려는 강박적인 편집증마저 앓게 된다. 영화 <모던타임즈>에 나오는 찰리 채플린의 모습이다. 대공황 시대, 온전한 인격체가 아니라 한낱 생산수단 취급을 받았던 노동자의 슬픈 일상이다. 위 갑질 사례는 1936년 미국 대공황 시대에서 한 발짝도 더 나아가지 못한 대한민국의 서글픈 현실을 보여준다.

직원을 도구로 여기기에 일어나는 일이다. 내가 월급을 주니 내가 시키는 대로 해야 한다는 천박한 사고의 결과다. 돈을 받는 사람은 돈을 주는 사람에게 간과 쓸개까지 빼주어야 한다는 천민자본주의적 인식이다. 그러니 직원을 때리고는 맷값이라며 돈을 뿌리고, 까라면 까라며 비행기를 돌린다. 오죽하면 직장인 퇴사 사유 중 1위가 '상사 갑질'일까.

미국 심리학자 미셸 매퀘이드가 직장인 천 명을 대상으로 조사한 결과도 그 연장선에 있다. '연봉 인상'보다 '상사 해고'를 원하는 직장인이 무려 65%에 달한다는 결과다. 내 연봉은 안 올려줘도 좋으니 저 '웬수' 같은 상사 좀 처리해달라는 '을(乙)'들의 피 맺힌 절규인 셈이다.

많은 사장이 직원을 내 입맛에 맞게 길들이려 한다. 당근과 채찍을 이용해 그들을 찍어 누른다. 직원을 도구로 바라보는 '도구적 직원관(觀)' 탓이다. 도구는 생각이 없다. 아니, 없어야 한다. 생각은 사람인 내가 하는 거다. 도구의 생각? 어불성설이다. 시키면 군말 없이 하는 게 도구다. 오늘도 신문지면을 장식하는 직장 내 리더의 포악무도한 갑질은 이래서 생겨난다.

지시를 내리는 보스에게 질문하는 부하. "언제부터 궁금한 게 이렇게 많아졌지?" 보스의 싸늘한 한 마디에 움찔하는 부하. 보스에게 질문은 금기다. 하라면 하는 거다. 도구가 감히 토를 달아? 폭력배 조직에서 구성원의 의미란 숫자에 불과하다. 대체품은 널려 있다. 얘가 다치면 쟤를 쓰면 되고, 쟤가 상하면 또 다른 애를 끌어들이면 그뿐이다. 그러니 배신이 횡행한다. 어차피 나도 쓰이다가 버려질 것을 알기 때문이다.

《삼국지》 조조가 그랬다. 내가 세상을 버릴지언정 세상이 나를 버릴 수는 없다고. 조폭들도 삼국지를 열심히 읽었나 보다. 배신당하기 전에 먼저 배신한다. 갑질을 일삼는 '조폭 리더'에게 돌아오는 건 결국 배신의 칼날밖에 없다.

초연결사회다. 모든 것이 연결된다. 적군과 아군의 경계도 사라진다. 애플이 망한다고 삼성이 잘되지 않는다. 네이버가 잘된다고 카카오가 망하는 게 아니다. 땅을 파고 들어가 보면 모두가 얽혀있고 모두가 이어져 있다.

초연결의 플랫폼 시대, 우리는 서로에게 파트너다. 리더와 구성원의 관계도 마찬가지다. 수직적 계층으로 이루어져 있던 직원 구조가 수평적 파트너 관계로 달라져야 하는 이유다.

사장은 위에서 명령하고 팔로워는 밑에서 따르고. 이런 도식적 리더십을 고수하는 사장이 알아야 할 개념이 '플랫폼'이다. 플랫폼은 승객이 열차를 타고 내리는 장소다. 출발하는 사람과 도착하는 사람이 교차하는 접점의 공간이다. 다양한 이해관계자가 함께 모여 상호작용을 통해 새로운 가치를 만들어내는 공간. 비즈니스에서의 플랫폼 개념이다.

쉬운 예로 시장이 있다. 판매자와 구매자가 한데 모여 서로의 이익을 위해 사고, 팔고, 흥정한다. 시장이 없었더라면 판매자는 판매자대로, 구매자는 구매자대로 힘들 수밖에. 디지털 기술이 발전하니 플랫폼은 이제 시공을 초월한다.

시야를 확장하면 구글도 플랫폼이고, 애플도 플랫폼이며, 아마존도 플랫폼이고, 페이스북도 플랫폼이다. 가까이는 네이버도 있고 카카오도 있다. 플랫폼 기업 전성시대다.

하지만 플랫폼에 대한 오해는 아직 많다. 단순히 검색엔진을 개발하거나 SNS 기능만 추가하면 플랫폼이 된다 착각한다. 천만의 말씀이다. 플랫폼을 만든다는 건 조직의 비전과 비즈니스 구조를 새롭게 세팅하는 거다. 우리의 역량과 인프라를 바탕으로 새로운 사업기회를 찾고, 새로운 파트너와 상호 윈윈할 수 있는 지점을 모색하는 거다. 플랫폼에 참여하는 모든 이들의 이해를 중재하고 조정하는 '플랫폼 리더십'이 중요한 이유다.

바야흐로 플랫폼 세상. 직장도 플랫폼이다. '고객 행복'이라는 공동의 목적을 위해 모인 참가자들이 목적 달성의 과정을 통해 각자의 성장과 발전을 빚어내는 플랫폼이 직장인 거다. 플랫폼은 지시와 명령으로 돌아가지 않는다.

플랫폼의 존재 이유에 공감하는 사람들의 자발적인 참여로 돌아간다. 직장이란 플랫폼에서도 이런 원칙은 그대로 적용된다. 직원의 성장을 리더가 도와줄 때, 직원들의 자발적 헌신이 생겨난다.

월급 주고 일을 시켜 성과를 낸다는 건, 그래서 호랑이 담배 피우던 시절 이야기다. 갑질이 난무하는 권위주의적 조직문화는, 그래서 반(反)플랫폼적이다.

불자현 고명(不自見 故明) 불자시 고창(不自是 故彰). 자신을 내세우지 않으니 오히려 빛나고, 자신의 옳음을 고집하지 않으니 오히려 빛이 난다. 불자벌 고유공 (不自伐 故有功) 불자긍 고장(不自矜 故長). 자신을 드러내지 않으니 오히려 공이 생겨나고, 자신을 뽐내지 않으니 오히려 오래 간다.

《도덕경》 22장이다. 자신 스스로를 고집하지 말라는 거다. 비우고 내려놓으라는 거다. 노자가 강조하는 역설의 리더십이다. '플랫폼 리더'가 새겨들어야 할 대목이다.

그럼 조직의 성과는 어떻게 만들어내느냐고? 조직의 목적과 개인의 목적, 그 접점을 극대화하는 거다. 직원이 성장할 수 있도록 조직은 밀어주고, 조직이 성장할 수 있도록 직원은 헌신하고. 조직의 비전과 존재 이유를 토대로 한 상호 이해관계의 영역을 최대한의 크기로 키워내는 거다.

전제조건은 직원을 파트너로 바라보는 시각이다. 도구가 아니라 파트너로 대할 때 그들의 열정은 깊은 잠에서 깨어난다. 플랫폼의 성공 메커니즘이다.

전망 좋은 임원실 방을 빼고 그 자리에 직원들의 휴게공간을 만드는 기업들이 생겨난다. 자율좌석제를 도입한 기업들도 많다. 개방형 공간과 폐쇄형 공간을 다양하게 갖추어 직원들이 선택하게 한다. 사무 공간 혁신이다.

조직 내 상명하복 문화는 점차 사라져 간다. 플랫폼 조직으로의 진화다. 플랫폼 리더의 비움과 내려놓음이 있기에 가능한 일이다.

노자가 이어 말한다.

부유부쟁 고천하막능여지쟁(夫唯不爭 故天下莫能與之爭). 오직 다투지 않으니 세상도 그와 다툴 일이 없다. 다툼으로써 자신의 서열을 확인하려는 리더는 폭력 조직에나 어울릴 법한, 하수 중 하수다. '플랫폼 사장'의 시선은 더 높은 곳을 향해야 한다.

노자의 한 마디

불자현 고명(不自見 故明) 불자시 고창(不自是 故彰).

자신을 내세우지 않으니 오히려 빛나고, 자신의 옳음을 고집하지 않으니 오히려 빛이 난다. 사장은 위에서 명령하고 팔로워는 밑에서 따르고. 이런 도식적 리더십을 고수하는 사장이 알아야 할 개념이 '플랫폼'이다. 플랫폼을 만든다는 건 조직의 비전과 비즈니스 구조를 새롭게 세팅하는 거다.

늑대에게도 눈물 나는 모성이 있다

주관을 내려놓고 보편타당한 객관성을 향해

세상만사, 변화가 상수(常數)다. 열흘 붉은 꽃 없듯 달도 차면 기우는 법이다. 변하지 않는 것은 없다. 상황과 맥락이 바뀌면 정답도 달라지게 마련이다. 그러니 세상 변화를 있는 그대로, 담담히 받아들이면 될 일이다. 그게 '변화에 맞춤하는 새로운 정답을 찾아가는', 혁신으로의 길이다.

그럼에도 변화를 부정하고, 외면하는 사람들이 있다. '어제'의 이론으로 '오늘'을 평가하고 '내일'을 재단한다. 견강부회(牽强附會)다. 음(陰)과 양(陽), 유(有)와 무(無), 공(空)과 색(色)을 오가며 순환하는 세상의 유연함에 역행하는 일이다. 내가 갖고 있는 고루한 잣대 때문이다. 세상 변화를 담아내지 못하는 죽은 잣대를 들이대니 들어맞질 않는다. 내 눈을 가리고 내 귀를 막는, 지식과 경험의 완고한 굴레에서 벗어나야 하는 이유다.

'리더(leader)'는 앞서서 이끄는 사람. 세간의 정의다. 그래서인지 수많은 리더가 자꾸 앞장서서 이끌려고 한다. 하지만 '작위(作爲)'다. 작위는 의식적으로 행하는 적극적인 행위다. 의식이 개입되니 '나(我)'가 들어간다.

'나'는 주관적이다. 객관적일 수 없는 존재다. 리더 개인의 가치와 경험이 리더십의 표준으로 올라선다. '맞고 틀림'과 '낫고 못함'의 기준이 모두 리더 자신의 것이다. 그러니 자꾸 엇박자가 난다. 무심(無心)히 변화하는 세상과 들어맞질 않는 거다.

노자는 '천지불인(天地不仁)', '성인불인(聖人不仁)'이라 했다. 천지와 성인이 인자하지 않다? 요령부득의 이 문구, 나중에야 깨달았다. 노자의 눈에는 '인(仁)' 역시 또 하나의 작위적 가치였음을. 요컨대, 작위에 의한 주관적 시선을 탈피하라는 의미였다. 작디작은 나의 기준을 내려놓고 크디큰 자연의 섭리에 눈을 뜨라는 가르침이었다. 편애 없이 불편부당하라는 일갈이었다. 보편타당한 객관성을 향해 치열하게 나아가라는 의미로 노자는 '천지불인', '성인불인'이란 표현을 썼던 거다.

이를테면, 늑대가 토끼를 잡아먹는 것은 우리 눈에 나쁜 일이다. 하지만 그 늑대가 먹여 살려야 할 새끼들을 보게 되면? 잔인하기 짝이 없던 늑대에게도 눈물 나는 모성이 있음을 그제서야 알게 된다. 주관을 배제하니 평면의 세상이 비로소 입체로 보인다. 호연(浩然)한 자연의 운행원리를, 알량한 나의 기준으로 재고 자르고 있었던 거다.

엘지생활건강의 차석용 부회장에게서 '불인'의 실례를 본다. 차부회장은 직원들과 점심식사를 함께 하지 않는다고 한다. 매일 돌아가며 직원들과 밥을 먹는다 해도 1만 명이 넘는 직원 중 극히 일부하고만 밥을 먹는 셈이다.

그런데 함께 밥을 먹다 보면 이런저런 정(情)과 연(緣)에 이끌려 객관적인 상황 판단과 의사결정이 힘들어진다는 거다. 합리와 공정으로 곧추선 조직을 만들기 위한 나름의 노력이다. 이 때문만은 아니겠지만, 그가 리드한 근 15년 세월 동안, 엘지생건의 매출은 1조 원에서 7조 원으로, 영업이익은 600억 원에서 1조 원으로 수직상승했다.

《도덕경》 5장에는 '천지불인', '성인불인'에 이어 '다언삭궁 불여수중(多言數窮 不如守中)'이라는 표현이 나온다. '말(言)'이 많아지면 자주 궁색해지고, '비어있음(中)', 즉 객관성을 유지하기 힘들다는 뜻이다.

말은 '구분'의 도구다. 뭔가를 억지로 정의하고 구분하고 재단하려 하면, 지금 여기, 눈앞에서 벌어지는 변화를 온전히 포용할 수 없다. 변화는 '옳으냐 그르냐' 가치판단의 문제가 아니다. 사장이 껴안아야 할 미래적 화두다.

노자는 풀무를 보며 '비어 있지만 그 작용은 끝이 없다(虛而不屈·허이불굴)' 표현했다. 속은 텅 비어 있지만 풀무가 일으키는 바람으로 불꽃은 활활 타오른다. 나를 비우고 나를 버리니 더 커지는, 풀무의 리더십이다. 창의혁신하는 사장이 되고 싶다면? '다언(多言)'-작위적 가치 판단과 주장-을 삼가고, '불인(不仁)'-객관과 공정-을 좇을 일이다. 채움이 아니라 비움, 올려세움이 아니라 내려놓음이다.

노자의 한 마디

다언삭궁 불여수중(多言數窮 不如守中)

'말(言)'이 많아지면 자주 궁색해지고, '비어있음(中)', 즉 객관성을 유지하기 힘들다는 뜻이다. 리더(leader)'는 앞서서 이끄는 사람. 세간의 정의다. 그래서인지 수많은 리더가 자꾸 앞장서서 이끌려고 한다. 하지만 '작위(作爲)'다. 작위는 의식적으로 행하는 적극적인 행위다. 자꾸 엇박자가 난다. 무심(無心)히 변화하는 세상과 들어맞질 않는 거다.

기업경영에는 무릇 목적이 있어야 한다

'coffee보국'하려고 사업합니다

"기업은 사회 공공에 대한 책임이 없다. 주주에 대한 책임만 있을 뿐이다(A company has no 'social reaponsibility' to the public or society; its only responsibility is to its shareholders.)"

1976년 노벨경제학상을 받은 자유주의 시장 경제론자 밀턴 프리드먼의 말이다. 기업의 존재 이유는 주주 이익 극대화라는 얘기다.

하지만 변화는 상수다. 2008년 미국발 금융위기 이후 상황은 달라졌다. 기업이 갖는 사회적 책임의 중요성이 부상하기 시작했다. 기업의 지속 가능 경영을 보장한다는 점에서 사회적 책임을 바라보는 시선이 긍정적으로 바뀐 거다. 기업의 이윤과 사회적 책임을 자전거의 두 바퀴, 즉 동반자적 상호관계로 인식하기 시작한 거다.

세계 최대 자산운용회사 중 하나인 블랙록의 회장 래리 핑크는 '기업 경영에서 ESG(환경·사회·지배구조, Environmental, Social, and Governance)가 중요해지면서 밀턴 프리드먼의 생각은 더 통용되기 어렵다'라는 생각을 밝혔다. 투자 대상 회사의 경영진에게 보낸 공개서한을 통해서였다.

미국의 대기업 CEO들도 기업의 목적으로 '포용적 성장'을 강조한다. 주주 이익 극대화를 추구하던 기업들은 이제 기업을 둘러싼 모든 이해관계자의 이익 극대화를 목적으로 한다. 기업 존재 이유의 극적인 변화다.

《도덕경》 44장을 통해 이런 변화의 근원적 배경을 미루어 짐작한다. 심애필대비 다장필후망(甚愛必大費 多藏必厚亡). 깊이 사랑하여 애착이 커지면 반드시 큰 대가를 치르게 된다. 많이 쌓아두어 재산이 많아지면 반드시 크게 잃게 된다. 달도 차면 기울듯, 세상만사, 균형이 무너지면 제 자리를 찾아가게 마련이다. 친절도 하신 노자는 구체적인 가이드라인도 잊지 않고 붙여놓았다. 지족불욕 지지불태 가이장구(知足不辱 知止不殆 可以長久). 만족함을 알면 욕됨이 없다. 멈출 줄 알면 위태롭지 않다. 지나치게 탐하지 말라는 거다. 욕심을 버리라는 거다. 그러면 장구(長久), 즉 지속 가능할 수 있다는 조언이다.

탐욕에 빠져 나락으로 떨어진 기업들은 차고 넘친다. 먼저, 미국 메이저 은행 중 하나인 웰스파고(Wells Fargo)다. 웰스파고는 단기적 이익에 집착했다. 직원들에게 무리한 영업을 강요했다. 한 고객당 8개 이상의 상품을 팔라고 했다.

2016년, 결국 사달이 났다. 고객 동의를 받지 않은 유령계좌의 존재가 언론을 통해 밝혀졌다. 153만여 개의 예금계좌, 56만여 신용카드 계좌를 포함하여 최소 350만 개의 가짜 계좌들. 실적을 부풀리기 위해 2011년부터 2016년까지 6년간에 걸쳐 고객의 동의 없이 개설된 계좌들이었다. 웰스파고 은행은 각종 벌금과 소송 비용으로 27억 달러를 지출했다. 5,300명의 직원을 해고했고, 60개 지점을 폐쇄했다. 주가는 2016년 50달러에서 2020년 30달러로 급전직하했다.

리먼브러더스 사태도 원인은 과욕이었다. 2000년대 초반, 경제 활성화를 위한 미국 정부의 저금리 정책으로 대출이 늘고 집값이 급격히 올랐다. 부담해야 할 이자보다 집값이 더 많이 오르니 너도, 나도 빚을 내어 집을 샀다.

탐욕에 눈이 먼 은행들은 신용불량에 가까운 비우량 고객에게까지 무차별로 돈을 빌려주기 시작했다. 하지만 오르막이 있으면 내리막도 있는 법. 그칠 줄 모르던 집값 상승세의 반전. 추락하는 것은 날개가 없다. 갚아야 할 대출금액 이하로 집값이 내려가자 집을 담보로 돈을 빌린 사람들이 속속 두 손을 들고 나자빠졌다. 돈을 빌려준 은행 역시 파산을 피할 길이 없었다.

이른바 서브프라임 모기지론(비우량대출자 주택담보대출) 사태의 개요다. 사태 초기, 손실을 본 대부분 금융회사는 앞다투어 투자금을 거둬들였다. 리먼브러더스의 선택은 반대였다. 오히려 투자를 확대했다. 결과는? 더 큰 손실이었다. 이때만 해도 퇴로가 있었다. 하지만 리먼브러더스는 물러서지 않았다. 지금까지의 누적 손실을 부정회계로 덮으려 했다. 돌아갈 수 없는 강을 건넌 리먼브러더스는 2008년 9월 14일, 파산을 신청한다.

기업 경영에는 무릇 목적이 있어야 한다. 탐욕적 자본주의에 영혼을 내다 맡긴 기업을 좋아할 고객은 없다. 앞서 살펴본, 웰스파고와 리먼브러더스의 추락 이유다. 경영의 목적이란, 예컨대 '수송보국(輸送報國)' 같은 거다. 내가 하는 수송사업을 통해 국가 경제 발전에 이바지하겠다는 목적. 한진그룹 조중훈 창업주의 경영철학이자 일의 목적이었다. 트럭 한 대로 시작한 한진상사는 육·해·공을 아우르는 명실상부한 종합수송그룹으로 성장했다. 수송보국이라는 뚜렷한 목적이 있었기에 가능한 일이었다. 그랬던 기업에서 목적이 사라지면? 돈과 권력에 대한 탐욕이 싹튼다. 2014년의 '땅콩회항' 사건이 이를 웅변한다.

목적은 방향이다. 의지이며 꿈이다. 신념이며 동기이다. 가치이자 철학이다. '매출 1,000억 달성'이나 '업계 1위 등극'은, 그래서 기업의 목적이 될 수 없다.

정당의 목적을 '정권 획득'이라 오해한다. 그러니 서로 정권을 잡겠다며 눈 뜨고 볼 수 없는 진흙탕 싸움을 벌인다. '더 좋은 나라 만들기'가 정당의 목적이어야 한다. 그래야 아군과 적군의 제로섬게임을 넘어 모두를 위한 윈윈게임을 펼칠 수 있다. 기업의 목적 역시 '이윤 추구'가 아니다. 돈을 버는 데에도 목적이 있어야 한다.

"우리는 돈을 벌려고 서비스를 만드는 게 아니다. 더 좋은 서비스를 만들려고 돈을 번다(we don't build services to make money; we make money to build better services.)"

페이스북 CEO 마크 저커버그의 말이다. 기업의 목적은 '더 나은 세상 만들기'이다. 목적 없는 기업은 그래서, 사랑받지 못한다. 존경받지 못한다. 존속할 수 없다.

스위스 국민기업인 네슬레의 시가총액은 300조가 넘는다. 커피가 한 톨도 나지 않는 나라 스위스지만 네슬레의 전 세계 커피 시장점유율은 20%를 웃돈다.

"이 업을 처음 시작할 때 어떻게 하면 내가 하는 업이 국가의 경쟁력이 될까, 무척이나 고민했다. 그랬더니 남들과는 시야가 달라지더라. 내가 하는 업이 일본보다 몇십 년 뒤처져 있었기에, 어떻게 하면 일본을 뛰어넘을 수 있을까, 고민이 많았다. 결국, 세계적인 기업으로 성장하는 게 국가에 도움이 되는 일이란 걸 깨달았다. 내 사업의 목적? 고급 식품 분야에서 세계적인 회사가 되는 거다."

스페셜티 커피를 표방하는 커피 체인점 '테라로사' 김용덕 대표의 말이다. 커피 업계의 에르메스가 되겠다는 게 그의 포부다. 말하자면 '커피보국(coffee報國)'이다.

돈 많이 버는 게 경영의 목표이던 시절이 있었다. 지금은 아니다. 전략을 넘어 철학의 세상이다. 세상에 어떤 가치를 더해줄 것인지 고민해야 한다. '어떻게'가 아니라 '왜'를 고민해야 한다. '가지'가 아니라 '뿌리'를 고민해야 한다. 경영은 누가 많이 버냐, 적게 버냐 하는 '돈 벌기 경쟁'이 아니라서다.

아니나 다를까, 노자 역시 우리에게 묻는다.

명여신숙친 신여화숙다 득여망숙병(名與身孰親 身與貨孰多 得與亡孰病). 명예와 내 몸, 둘 중 어느 것이 더 내게 소중한가? 내 몸과 재물, 둘 중 어느 것이 더 소중한가? 얻는 것과 잃는 것, 둘 중 어느 것이 더 큰 병인가?

앞의 두 개 질문으로 보자면 세 번째 질문의 답도 그리 어렵지 않다. 욕심을 버려야 한다. 비즈니스의 이유와 의미를 찾아야 한다.

노자의 한 마디

족불욕 지지불태 가이장구(知足不辱 知止不殆 可以長久).

만족함을 알면 욕됨이 없다. 멈출 줄 알면 위태롭지 않다. 기업 경영에는 무릇 목적이 있어야 한다. 탐욕적 자본주의에 영혼을 내다 맡긴 기업을 좋아할 고객은 없다. "우리는 돈을 벌려고 서비스를 만드는 게 아니다. 더 좋은 서비스를 만들려고 돈을 번다." 페이스북 CEO 마크 저커버그의 말이다.

사장이 '아이'로부터 배워야 하는 이유

"훌륭한 사업이야말로 가장 뛰어난 예술이다"

작위적인 계획이나 의도 없이 그저 마음 가는 대로 움직이니 삐걱대지 않는다. 물 흐르듯 쉬이 흘러간다. 누군가에게 보이기 위한 의식적인 움직임이 아니다. 마음에서 우러나오는, 날 것 그대로의 편안한 표정이자 몸짓이다. 눈치채셨겠다. 맞다, 아이의 모습이 이렇다.

무욕(無慾), 무위(無爲), 무언(無言), 허(虛), 유(柔)의 덕목을 중히 여기는 노자는 아이를 성인의 또 다른 모습으로 본다. 《도덕경》에 아이를 귀히 여기는 대목이 여러 차례 나오는 이유다. 아이 특유의 천진함과 무구함을 높이 사는 거다. 《도덕경》 55장이 그러하다.

함덕지후 비어적자(含德之厚 比於赤子). 덕을 두텁게 품고 있는 이는, 비유컨대 어린아이 같다. 봉채훼사불석 맹수불거 확조불박(蜂蠆虺蛇不螫 猛獸不據 攫鳥不搏). 벌이나 전갈, 독사도 물지 않는다. 사나운 짐승도 덮치지 않고, 힘센 새도 채가지 않는다. 주변과 조화를 이루어서다. 자연의 이치에 몸을 맡기니 어색함이 없다. 있는 그대로를 보고 듣고 말한다. 따로 놀지 않는다. 자연스러울 따름이다. 그러니 위해를 가할 사람이 없다.

아이의 이런 모습은 사장에게도 많은 영감을 준다. 먼저, 동심이 빚어내는 놀이 정신이다. 호모 루덴스. 인간은 '놀이'하는 존재다. 놀이라는 인간의 정체성은 아이에게서 두드러진다. 놀이를 좋아하는 아이는 지루한 걸 못 견딘다. 재미를 좇는다. 동심이다. 동심은 예술로 이어지는 창의의 원천이다.

장면 하나. 열 살을 조금 넘겼을까? 두려움과 호기심, 설렘으로 얼굴이 살짝 상기됐다. 창밖으로 도망치려는 탈출의 장면. 자세히 보니 창틀은 액자다. 액자 속 그림으로부터 현실 세상으로 빠져나오려는 모습이다. 액자인 줄 알았던 프레임부터가 이미 그림이다. 그림의 제목? <비평으로부터의 탈출>이란다. 제목에서부터 세상을 비틀어 보는 재미 요소가 가득하다.

"너희가 뭔데 감히 나를 비평해? 그래 봐야 쓸데없는 짓이야. 난 지금 이 그림에서 탈출할 거니까."

아이의 앙다문 입술에서 화단의 무시에 나름의 방식으로 저항하는 작가 페레 보렐 델카소의 놀이 정신이 반짝인다.

트롱프뢰유. '눈속임 그림'을 일컫는 말이다. 액자 밖으로 뛰쳐나오려는 아이의 모습을 통해 현실과 그림의 경계를 무너뜨린 그림 <비평으로부터의 탈출>은 트롱프뢰유의 상징이 됐다.

우리에게 익숙한 예로는 솔거가 있다. 신라의 화가였던 솔거가 벽에 그려놓은 나무. 그 나무가 진짜인 줄 알고 새들이 날아와 벽에 머리를 부딪쳐 죽었다는 얘기. 착시를 이용한 트롱프뢰유에 담긴 근원적 감성은 재미다. 사람들을 깜짝 놀라게 하려는 장난기 말이다. 눈앞의 실재로 착각할 정도로 정밀하고 생생하게 묘사한 그림들. 보는 이도 재미있어하고, 그린 이도 재미있어한다. 놀이 정신이 빚어내는 재미다.

엄격한 형식미를 갖춘 그림들과 달리 서민의 풍속을 묘사한 우리의 민화에도 재미 요소는 차고 넘친다. 일상 속 삶의 조각들을 스냅숏처럼 생생하게 포착해서 그려낸 그림들. 순수하다. 소박하다. 그 한쪽에 풍자와 해학이 녹아 있다. 아이들 특유의 장난기가 살포시 더해지니 보는 이로 하여금 슬며시 미소 짓게 만든다.

조선 후기 대표적인 풍속화, 신윤복의 <단오풍정>을 보자. 음력 5월 5일인 단옷날, 계곡에서 몸을 씻고 그네를 타며 즐겁게 지내고 있는 여인들을 그린 그림이다. 이 그림에 숨어 있는 재미 요소? 몸을 씻는 여인들의 벗은 몸을 훔쳐보는 네 개의 눈동자다. 저편 바위 틈새로 보이는 동자승 둘. 신윤복이 포착하여 담아낸 풍자와 해학의 재미 요소다.

도화서 화원으로 있다 저속한 그림을 그렸다는 이유로 관직에서 쫓겨났던 신윤복이다. 고루한 회화의 틀을 와장창 깨부순 혜원의 놀이 정신은 장르를 답습하지 않았다. 장르를 창조했다. 재미가 일구어낸 혁신이다. 놀이정신의 쾌거다.

한 치 앞이 보이지 않는 작금의 경영환경에서 과거의 답습은 실패의 지름길이다. 다른 관점과 다른 시각이 필요하다. 혁신의 씨앗을 보아내는 새로운 렌즈? 놀이 정신이다. 전통과 규범이란 틀을 깨고 부수고 비트는 재미 요소가 빚어내는 혁신의 미학이다.

"모든 어린이는 예술가다(Every child is an artist)."

파블로 피카소의 말이다. 기억해야 한다. 어린 시절, 재미를 좇았던 우리는 모두가 예술가였음을. 모두가 혁신가였음을.

사장이 아이로부터 얻을 수 있는 또 하나의 영감? 솔직함이 만들어내는 도전정신이다. 아이는 솔직하다. 꾸밈없다. 내가 어떤 처신을 해야 할지, 얄팍한 계산이 없다. 있는 그대로 보고 말한다. 벌거벗은 임금님의 바보 같은 행동을 따끔하게 지적한 이는 학식 높고 경험 많은 어른이 아니었다. 아이였다.

임금님이 옷을 벗고 거리를 활보하고 있으니 보이는 대로 얘기한 거다. "임금님이 벌거벗었어요." 아무 말 못 하고 끙끙 속을 끓이는 어른들과 달리 아이는 시원하게 내지른다. 사이다가 따로 없다.

아이는 형을 형이라 부르고 아버지를 아버지라 부른다. 문제는 진실의 눈을 억지로 가려 호부 호형을 못하게 했던 당시의 제도였다. 썩어빠진 세상을 바로잡겠다며 우리의 홍길동이 분연히 떨쳐 일어섰던 이유다. 혁명이었다.

아이의 솔직함은 세상을 향한 이토록 뜨거운 도전이다. 자신에게 진실해지려는 절박한 몸부림이라서다. 세상의 시선이 허락하든 말든 내가 원하는 것을 말하고, 쓰고, 그리고, 노래하려는 영혼의 아우성이라서다.

<강남스타일>이라는 노래 하나로 온 세상을 말춤 열풍으로 뒤집어 놓았던 싸이 역시 홍길동 과(科)다. 싸이가 세계적인 인기를 끌었던 이유? 원색의 욕망 덕이다. 솔직하고 건강한 삶의 에너지 말이다. 싸이는 체면을 차리지 않았다. 위선을 벗어 던졌다. 무대 위에서는 더욱 그랬다. 미친 듯이 놀았다. 아는 척, 있는

척, 가진 척, 우아한 체하지 않았다. '삼류 딴따라'를 자처했던 그의 솔직함은 주류 음악에 대한 도전이었다. 무모해 보였던 그 도전이 음악의 기존 틀을 허물었다. 새로운 영역을 개척했다. 욕망에 대한 솔직한 인정이 만들어낸 혁신이었다.

그 연장 선상에 있는 또 다른 인물이 있다. 팝아트의 거장 앤디 워홀이다. 예술가는 배고픈 직업이라고? 천만에. 앤디 워홀은 상업적으로도 엄청난 성공을 거두었다. 그는 예술을 산업의 관점으로 바라보았다. 고상한 것만 예술이라는 생각에 반기를 들었다. 만화와 광고, 코카콜라와 캠벨 수프, 엘비스 프레슬리와 메릴린 먼로 등 대중 소비의 상징을 모티브로 삼았다. 실크스크린, 스텐실 등 혁신적인 기법으로 이를 표현했다. '공장(factory)'이라 이름 붙인 작업장에서 '예술노동자(art worker)'들을 고용하여 공산품처럼 작품을 찍어냈다.

"훌륭한 사업이야말로 가장 뛰어난 예술이다."

부와 명예에 대한 본인의 욕망을 숨기지 않았던 앤디 워홀의 말이다. 세상이 정해놓은 도식적인 예술의 정의를 산산조각내어버린 그는 현대미술의 전설이 됐다.

금기에 도전하는 아이의 열정은 사그라지지 않는다. 《도덕경》에서는 이를 이렇게 표현한다. 아이는 온종일을 울어도 목이 쉬지 않는다고. 종일호이불사 화지지야(終日號而不嗄 和之至也). 온몸이 이루는 편안하고 자연스러운 조화가 최고의 경지에 달해서란다. 이유를 아는 도전, 목적을 가진 도전은 포기할 수 없다. 우리는 이를 기업가정신이라 부른다.

동심, 놀이, 재미, 창의, 순수, 조화, 솔직, 도전, 열정. 아이의 모습에서 찾아낸 혁신 키워드들이다.

《도덕경》 55장은 이렇게 마무리된다. 물장즉노 위지부도 부도조이(物壯則老 謂之不道 不道早已). 세상 모든 것은 강해지면 곧 늙는다. 도를 따르는 모습이 아니라서다. 도를 따르지 않으면 이내 끝나버린다. 오래된 화석은 딱딱하기 그지없다. 유연하니 생명이다. 혁신이 절실한 리더라면 아이를 보고 배울 일이다. 아이가 스승이다.

노자의 한 마디

종일호이불사 화지지야(終日號而不嗄 和之至也)

아이는 온종일을 울어도 목이 쉬지 않는다. 온몸이 이루는 편안하고 자연스러운 조화가 최고의 경지에 달해서다. 봉채훼사불석 맹수불거 확조불박(蜂蠆虺蛇不螫 猛獸不據 攫鳥不搏). 벌이나 전갈, 독사도 물지 않는다. 사나운 짐승도 덮치지 않고, 힘센 새도 채가지 않는다. 주변과 조화를 이루어서다. 이유를 아는 도전, 목적을 가진 도전은 포기할 수 없다. 우리는 이를 기업가정신이라 부른다

카카오뱅크와 옐로테일은 어떻게 혁신했을까?

움켜쥐니 경직되고, 놓아버리니 유연하다

노자는 혁신가다. 통념을 뒤집는다. 상식을 깨부순다. 그 매혹적 전복이 통쾌하다. 《도덕경》 38장이 그렇다.

상덕부덕 시이유덕(上德不德 是以有德). 최고의 덕은 덕을 내세우지 않는다. 그래서 덕이 있다. 하덕불실덕 시이무덕(下德不失德 是以無德). 낮은 수준의 덕은 덕을 놓치려 하지 않는다. 그래서 덕이 없다. 내세우지 않아 고수이고, 집착하니 하수이다. 상덕(上德)과 하덕(下德)의 비교는 이어진다. 상덕무위이무이위 하덕위지이유이위(上德無爲而無以爲 下德爲之而有以爲). 최고의 덕은 무위한다. 무언가를 억지로 하려 하지 않는다. 수준 낮은 덕은 무언가를 행함에 있어 자꾸 의도를 개입시킨다. 인위적이다. 작위적이다. 덕에 대한 노자의 시각이 풀이된 이 장 역시 상식과 통념을 뒤엎는 혁신의 텍스트다.

비즈니스 차원에서 눈여겨보아야 할 혁신 통찰? 집착하지 말라는 거다. 얽매이지 말라는 거다.

집착하면 굳어진다. 놓아야 자유롭다. 그런데 움켜쥐려고만 한다. 놓지 않으려 발버둥 친다. 감옥에 갇힌 꼴이다. 수준 낮은 덕, 하덕의 모습이다. 상덕은 반대다. 연연하지 않는다. 과감히 비운다. 흔쾌히 버린다. 그래서 여유롭고, 그래서 자유롭다. 부러지지 않고 휘어지니 유연함이다. 유연함은 포용으로 이어진다. 다양성을 끌어안는 힘이다. '애자일'로 대표되는 비즈니스 혁신의 핵심 키워드가 여기 다 들어앉았다.

노자의 눈으로 보면 카카오뱅크는 '놓아서' 성공한 혁신 사례다. 막강한 플랫폼을 보유한 디지털기술기업 카카오의 금융권 진출. 처음에는 우려가 컸다. 금융 산업은 진입장벽이 높아서다. 오랜 기간 신뢰를 구축해온 전통의 금융기업들 틈바구니에서 카카오뱅크가 살아남을 수 있을까?

그 우려가 기우였음을 증명하는 데는 오랜 시간이 필요치 않았다. 출범 1년 반. 카카오뱅크는 인터넷 전문은행으로는 세계 최단기간 흑자 달성을 기록했다. 은행업계의 판도를 완전히 바꾸어 놓았다. 생존이 목표라고? 모르는 소리다. 카카오뱅크는 이제 시장을 주도한다. 비결은 단순했다. 집착하지 않았다는 거다. 얽매이지 않았다는 거다.

금융기업의 생명은 신뢰다. 믿음이 가야 돈도 맡길 수 있다. 그러니 금융기업은 매사 완벽해야 한다. 시시콜콜 따지며 1원까지 맞춰야 한다. 그렇게 생겨난 업무상 각종 프로토콜이 부지불식간에 신성불가침의 성역이 된다.

고객을 위해 도입했던 업무 프로세스가 고객과 따로 노는 거다. 이쯤 되면 '고객이 편하냐, 불편하냐'가 중요한 게 아니다. '업무 지침에 부합하냐, 아니냐'가 관건이다. 괴물과 싸우다 괴물이 돼버린 슬픈 이야기. 공인인증서와 보안카드로 대표되는 기존 은행 사이트에서의 짜증스러운 고객 경험이 그래서 생겨난다.

사이트에 접속해 간단한 은행 일을 보려 해도 새로운 프로그램을 깔라는 메시지가 연이어 뜬다. 이걸 깔면 저걸 또 깔라 하고, 저걸 깔면 이걸 또 인증하란다. 헤어나올 수 없는 무한루프에 빠진 고객들의 불만은 하늘을 찌른다. 안방으로 모셔야 할 고객을 뒷방으로 밀어낸 셈이다.

물론 은행도 할 말이 있다. 고객 자산을 관리하는 비즈니스이니 무엇 하나 허투루 다룰 수가 없어서란다. 불편하더라도 믿음직한 서비스가 낫다는 생각. 이게 금융서비스의 전형이라는 생각. 기존 은행들은 이 프레임에서 벗어나지 못했다. 고수하고 집착했다. 패착이었다.

신뢰와 편리함은 병립 불가의 개념인가? 믿음직하려면 반드시 불편해야 하나? 그럴 리가 없다. 정통과 관행이라는 이름으로 허용되던 모든 걸 버리고, 모든 걸 놓았다. 제로베이스. 카카오뱅크의 출발점이었다. 접근부터 달랐다.

목표는 행복한 고객 경험. 모바일에 집중했다. 공인인증서도 없앴다. 휴대폰 인증과 신분증 촬영만으로도 계좌 개설이 뚝딱. 서비스 첫 화면은 단순하게 구성했다. 꼭 필요한 기능만 넣었다. 카카오톡의 캐릭터와 이모티콘을 활용해 재미 요소까지 더했다. 누구나 쉽게 사용할 수 있는 직관적인 구성. 고객이 열광했다. '같지만 다른 은행'이라는 브랜드 슬로건은 카카오뱅크가 제공하는 차별적인 고객 경험에 맞춤했다.

놓으면 간단한데 놓지를 못한다. 버리면 쉬운데 버리질 못한다. 그걸로 지금 이 자리까지 왔으니 절대 포기해선 안 될 필승 레시피라 생각해서다. 변화가 없던 시절의 얘기다. 검증된 과거의 방식에 효과만 더해주고 효율만 더 높이면 승승장구하던 시절 얘기다. 지금은 아니다. 디지털카메라가 부상하던 그때, 코닥은 필름 R&D에 엄청난 돈을 투자했다. 결과는 우리가 아는 대로다. 제품 혁신을 넘어 비즈니스 모델 혁신이 필요한 이유다.

시내 목 좋은 장소에 근사한 점포를 내고 제한된 영업시간 동안 신뢰 가는 대면 서비스를 제공함으로써 수수료를 받는 구조. 오랜 기간 이어진, 금융기업의 비즈니스 얼개였다.

더 좋은 위치, 더 근사한 점포, 더 친절한 대면 서비스 등 과거의 서비스를 '개선'하는 데 치우쳤던 기존 금융기업들은, 지금 '멘붕'이다. 24시간 열려 있어 언제든 쉽고 재미있게, 편리하게 이용할 수 있는 비대면 모바일 금융의 부상 때문이다. 기존 방식을 개선한다고 될 일이 아니다. 모델 자체를 혁신해야 한다. 그것도 철저히 파괴적으로.

오랜 기간 은행을 이용했던 고객에게 은행은 최선이 아니었다. 최선이 없으니 차선이라도 썼던 거다. 최악은 아니니 차악이라도 썼던 거다. 카카오뱅크는 그 틈을 파고들었다. 기존 금융 관행에 매몰되지 않으니 만들 수 있었던 혁신이다. 수십 년간 과거를 답습하며 기존 은행들이 화석처럼 굳어져 갈 때, 카카오뱅크는 정장에서 캐주얼로, 기꺼이 옷을 갈아입었다.

정장의 틀을 벗어던진 '캐주얼 혁신'으로 성공한 또 다른 브랜드가 있다. 호주의 와인 브랜드 옐로테일이다. 와인은 어렵다. 품종과 산지, 와이너리 이름도 복잡한 데다 마시는 방식도 따로 배워야 했다. 정통의 와인이란 그런 거였다. 술 한 잔 마시는데 뭐 그리 어렵고 복잡해? 차라리 편하게 맥주나 칵테일을 마시겠다는 사람들. 와인 시장 정체의 배경이었다. 격식 갖춘 자리에서 깍듯한 예의를 갖추며 우아하게 먹는 와인. 옐로테일은 업계의 이런 시각에 갇히지 않았다. 와인도 일상 음료처럼 편하게 마시면 좋잖아. 생산 공정과 기간을 단축했다. 합리적인 가격을 책정했다. 누구나 부담 없이 마실 수 있는 대중적인 맛을 장착했다. 라벨의 내용도 단순화했다. 특유의 왈라비 그림으로 친근감을 더했다. 이름하여 '캐주얼 와인'의 탄생. 고객은 구매로 화답했다. 전 세계 와인 중 브랜드파워 1위. 한국에서만도 연간 1백만 병이 판매되는 베스트셀러 와인 중 하나, 옐로테일이다.

'마케팅 혁신'을 주제로 카카오뱅크 임직원 특강을 한 적이 있다. 기존 금융기업들과는 전혀 다른 분위기였다. 은행이라기보다는 역동적 에너지가 넘쳐나는 스타트업 분위기. 형형색색 캐주얼한 옷차림엔 개성과 창의가 가득했다. 왁자지껄, 여기저기서 열정들이 피어올랐다. 움켜쥐니 경직되고, 놓아버리니 유연하다. 노자의 갈파한 상덕이 이런 모습일까? 날 것 그대로의 혁신 현장이었다.

"조선 사람들은 어려서부터 유학을 배우기 시작해 시간이 흐르면서 점점 고유의 특성을 잃고 매우 인위적으로 변해갔다. 이들은 그러한 자신을 극복하려고도, 또 새롭게 바꾸려고도 하지 않는 고대의 유령 같았다. 하지만 상놈들은 그러한 속박에서 자유로웠다.”

1888년부터 1897년까지의 격변기, 조선의 마지막 10년을 담은 책《조선, 그 마지막 10년의 기록》중 한 대목이다. 혁신은 전복과 일탈에서 나온다. 과거에 얽매이지 않는, 오늘에 집중하는 ‘상놈’의 혁신 DNA가 절실한 요즘이다.

노자의 한 마디

상덕무위이무이위 하덕위지이유이위(上德無爲而無以爲 下德爲之而有以爲).

최고의 덕은 무위한다. 무언가를 억지로 하려 하지 않는다. 수준 낮은 덕은 무언가를 행함에 있어 자꾸 의도를 개입시킨다. 움켜쥐려고만 한다. 놓지 않으려 발버둥 친다. 감옥에 갇힌 꼴이다. 수준 낮은 덕, 하덕의 모습이다. 상덕은 반대다. 과감히 비운다. 흔쾌히 버린다. 그래서 여유롭고 자유롭다. 부러지지 않고 휘어지니 유연함이다. 유연함은 포용으로 이어진다. 다양성을 끌어안는 힘이다.

뿌리까지 보아내는 입체적 시선을 가져라

세상은 시소, 올라감이 내려감이다

#1.오버투어리즘(overtourism). '과잉관광'이다. 관광객이 지나치게 몰려 해당 지역 주민이 피해를 보는 현상을 가리킨다. 몰려든 관광객으로 인한 교통 혼잡과 불법 쓰레기 투기 등이 대표적이다. 호젓한 주택가를 소음으로 채운다. 구경한다며 주민들이 사는 집에 불쑥 들어오기도 한다.

관광객 범람에 떠밀려 내려간 주민들의 일상. 국내외를 막론하고 회복을 위한 노력이 생겨난다. 관광 허용 시간제를 도입하거나 일일 방문객 수를 제한하는 식이다. 일정 금액의 여행세를 부과하기도 한다. 역(逆)마케팅이다.

#2. 현금을 두고 다닌 지 꽤 오래다. 아니, 지갑 자체를 들고 다니지 않는다. 스마트폰 하나로 결제에 송금까지 다 되니 지갑이 필요 없다. 캐시리스(cashless). 이른바 '현금 없는 세상'이다. 하지만 문제가 있다. 현금을 주로 쓰는 디지털 취약 계층은 금융 서비스의 사각지대로 내몰린다.

손님들이 주는 현금 팁으로 살아가던 서비스 노동자들에게도 캐시리스 사회는 날벼락이다. 각국 정부의 통화가치 조정이나 통화량 관리도 고차원의 방정식이 됐다. 부작용이 속출하니 '현금 쓰기' 캠페인이 일어난다. 디지털 혁명의 이면이다.

세상은 시소다. 이쪽이 올라가니 저쪽이 내려간다. 올라가면 좋을 줄만 알았는데 아뿔싸. 생각지도 못한 새로운 문제가 생겨난다. 상호 대립하는 요소들의 긴장 관계로 구성된 세상. 역설과 모순이 가득하다.

그래서 노자도 얘기했나 보다. 《도덕경》 39장이다. 천무이청 장공렬 지무이녕 장공발 신무이령 장공헐 곡무이영 장공갈(天無已清 將恐裂 地無已寧 將恐發 神無已靈 將恐歇 谷無已盈 將恐竭). 하늘이 끊임없이 맑으려고만 하면 결국에는 무너져 내릴 것이다. 땅이 끊임없이 안정되려고만 들면 결국에는 무너져 쪼개질 것이다.

신이 끊임없이 영험해지려고만 하면 결국에는 그 신령스러움이 사라질 것이며, 계곡이 끊임없이 채우려고만 들면 결국에는 말라 고갈될 것이다. 좋다고 다 좋은 게 아니다. 세상만사 상대가 있다. 반대편도 두루 살펴야 한다. 그걸 놓치면 결국, 공멸이다.

노자의 이야기는 이어진다. 만물무이생 장공멸 후왕무이귀고 장공궐(萬物無已生 將恐滅 侯王無已貴高 將恐蹶). 세상 만물이 끊임없이 살려고만 하면 결국에는 모두 사라질 것이며, 리더가 끊임없이 고귀한 대접만 받으려고 들면 결국에는 자리에서 쫓겨날 것이다. 결국, 이 이야기를 하고 싶어 하늘과 땅부터 끌어왔나 보다. 제후와 군왕으로서의 리더십 말이다. 그러고 보니 이순신 장군도 비슷한 얘기를 하셨다. 죽고자 하면 살 것이고, 살고자 하면 죽을 것이라고. 제왕학으로서의 《도덕경》, 39장에서는 두 가지 통찰의 시선을 제공한다.

먼저, 뿌리까지 보아내는 입체적 시선이다. 자연 만물엔 상대가 있다. 남자가 있으면 여자가 있고, 주인이 있으면 손님이 있다. 하늘이 있으면 땅이 있으며, 이성이 있으면 감성이 있다. 리더가 있으면 팔로워가 있으며, 판매자가 있으면 구매자가 있는 법이다. 받으려면 주어야 하고, 채우려면 비워야 하고, 얻으려면 버려야 하며, 오르기 위해서는 내려가야 하는 이유다.

그런데 한 쪽만 본다. 다른 쪽은 무시한다. 애써 외면한다. 아둔한 일이다. 이것이 있어서 저것이 있고(此有故彼有), 이것이 생겨나기에 저것도 생겨나서다(此生故彼生). 이것이 없으므로 저것이 없고(此無故彼無), 이것이 사라지기에 저것도 사라져서다(此滅故彼滅). 홀로 존재하는 것은 없다. 모든 게 원인과 결과라는 '관계'로 엮여 있다. 불이(不二). 둘이 아니다. 결국 하나다. 자연의 섭리다.

군인 하나가 누군가를 향해 장총을 겨누고 있는 모습. 그 장면이 인쇄된 포스터를 전봇대에 부착하니 군인의 총부리는 결국 자신을 향한다. '뿌린 대로 거두리라'라는 카피로 유명한 반전 평화 캠페인 광고다. 가해자와 피해자가 따로 있는 게 아니다. 가해자가 곧 피해자다. 승리자가 곧 패배자다.

'프레너미(frenemy)'라는 말이 있다. '친구(friend)'와 '적(enemy)'이 합쳐진 말이다. 모두가 네트워크로 이어진 초연결 세상. 흑백을 나누는 이분법적 구분은 시대착오적이다. 융합의 시대라서다. 아군 적군이 따로 없다. 모두가 공존과 상생의 파트너다. 그래서 껴안아야 한다. 반대편까지 헤아려 살펴야 한다.

"묵은해니 새해니 분별하지 말게 / 겨울 가고 봄이 오니 해 바뀐 듯하지만 / 보게나 저 하늘이 달라졌는가 / 우리가 어리석어 꿈속에 사네."

구분의 지식을 넘어 포용의 지혜를 노래한 학명 스님의 선시다.

두 번째는, 역설에서 비롯되는 창의의 시선이다. “이타적 이기주의자”, 소리 없는 아우성”, “찬란한 슬픔의 봄”, “내 인생을 망치러 온 나의 구원자”, “두 볼에 흐르는 빛이 정작으로 고와서 서러워라” 앞과 뒤의 의미가 서로 닿지 않는다. 모순이다. 부조리다. 그러나 그 역설에 담긴 시(詩)적 진실이 아름답다. 상식의 전복. 타성으로부터의 일탈. 그래서 눈길을 끄는 역설은 반짝반짝 창의로 이어진다.

콜라가 가득 채워진 유리컵. 카메라 클로즈업. 콜라에 녹아 있던 이산화탄소가 공기 중으로 마구 튀어 오른다. 톡톡 쏘는 거품들이 까만 화면을 배경으로 무정형의 춤을 춘다. 탄산음료 특유의 시즐감이 싱그럽다. 그런데 웬걸. 영상에선 아무런 소리가 나지 않는다. 그러면서 떠오르는 자막 한 줄.

“들으려고 하지 마세요(Try not to hear this).”

코카콜라의 방송 광고다. 의도적으로 모든 소리를 제거했다. 공기 중으로 튀어 오르는 콜라의 기포만 보일 뿐이다. 하지만 우리는 소리를 듣는다. 아니, 소리가 들린다. 소리를 뺐는데 소리가 들리니 귀신이 곡할 노릇이다.

시리즈 광고가 이어진다. 이번에는 아무것도 보이지 않는다. 까만 화면은 소리만 토해낸다. 탄산음료 뚜껑을 비틀어 딴다. 까드득, 소리가 정겹다. 이어 토도토독, 기포 터지는 소리가 고막을 때린다. 꿀꺽꿀꺽, 누군가가 시원하게 콜라를 들이켜는 소리.

캬, 하는 행복한 감탄사로 끝을 맺는 광고. 자막 한 문장이 화면을 채운다.

"보려고 하지 마세요(Try not to see this)."

일체의 비주얼 요소가 배제된, 그저 새까만 화면의 광고. 하지만 신기하다. 소리만 들었는데 훤히 다 보인다.

코카콜라의 광고는 노자의 역설적 창의를 오롯이 담아냈다. 화면만 보여주며 들으려 하지 말란다. 소리만 들려주며 보려고 하지 말란다. 하지만 우리는 보고 듣는다. 보이고 들려서다. 뺐더니 더해진다. 목청 높여 고함칠 일이 아니었다. 나지막이 속삭이면 될 일이었다.

뭐든 해야 해. 완벽해야 해. 강해져야 해. 모두가 양(陽)의 방향으로 달려갈 때, 노자는 음(陰)의 방향을 가리킨다. 좀 쉬어도 돼. 모자란 게 매력이야. 강하면 부러져. 생각지도 못한 창의적 관점이다. "Stay hungry. Stay foolish."를 말한 걸 보면 '내 손 안의 인터넷' 세상을 창조했던 스티브 잡스도 일찍이 노자를 읽었나 보다.

아들이 유도를 배운단다. 이 년 동안 넘어지는 것만 배웠단다. 아들이 넘어지는 걸 배우는 동안 아빠는 넘어지지 않으려 기를 쓰고 살았단다. 한번 넘어지면 다시는 일어설 수 없는 세상. 잠들어도 눕지를 못했단다. 그래서 아빠는 아들에게 부끄럽단다. 흐르는 물은 벼랑에서도 뛰어내리는데 아빠는 넘어지지 않으려 잘 때도 서서 자는 말이 돼서란다. 정규학 시인의 시 <서서 자는 말> 얘기다.

오르려고만 했다. 채우려고만 했다. 가지려고만 했다. 얻으려고만 했다. 어리석었다. 내려갔어야 했다. 비웠어야 했다. 줬어야 했다. 버렸어야 했다. 귀이천위본 고이하위기(貴以賤爲本 高以下爲基). 노자의 제언이다. 고귀함은 미천함으로써 근본으로 삼고, 높음은 낮음을 토대로 한다.

노자의 한 마디

천무이청 장공렬 지무이녕 장공발 신무이령 장공헐 곡무이영 장공갈(天無已清 將恐裂 地無已寧 將恐發 神無已靈 將恐歇 谷無已盈 將恐竭).

하늘이 끊임없이 맑으려고만 하면 결국에는 무너져 내릴 것이다. 땅이 끊임없이 안정되려고만 들면 결국에는 무너져 쪼개질 것이다. 이것이 있어서 저것이 있고(此有故彼有), 이것이 생겨나기에 저것도 생겨나서다(此生故彼生). 이것이 없으므로 저것이 없고(此無故彼無), 이것이 사라지기에 저것도 사라져서다(此滅故彼滅). 홀로 존재하는 것은 없다. 모든 게 원인과 결과라는 '관계'로 엮여 있다.

'감동란'이 감동을 더해주는 이유

신은 디테일에 있다(God is in the details)

편의점 대표상품 중 하나로 '감동란'이 있다. 이름이 왜 감동란이냐고? 먹어 본 사람은 안다. 맥반석 계란, 훈제 계란, 구운 계란 등 다양한 계란들이 나와 있지만 감동란이 주는 감동은 압도적이다. 삶은 계란의 영원한 단짝은 사이다였다. 계란이 퍽퍽해서다. 하지만 감동란은 불멸의 그 조합을 완벽하게 깨버렸다. 사이다를 잊게 만드는, 촉촉하고 부드러운 목 넘김. 게다가 따로 소금을 찍어 먹을 필요가 없을 정도의, 딱 있어야 할 만큼 있는 간. 그러니 감동을 안 할 재간이 없다.

호기심에 감동란 제조과정을 검색해보았다. 먼저 신선한 계란을 선별하고 검사한다. 통과된 계란을 무려 네 번에 나눠 삶는다. 특유의 간간함을 맞추기 위해 조미과정을 거친 후 다시 마지막 검사를 거친다. 그 과정에 5일이 걸린다. 그깟 계란 하나 삶는 게 대수냐며 얕잡아볼 일이 아니다. 별것도 아닌 삶은 계란 하나지만 디테일이 더해지니 고객이 반응한다. 디테일의 힘!

디테일이 아름다운 건 달인들이 가진 장인정신의 외형적 특징이다. 남다른 기술과 재능을 가진 장인들이 자신의 작업에 최선을 다하는 건 본능이나 마찬가지다. 대충해놓고 끝낸다? 장인정신이란 이름 아래서는 불가능한 일이다. 20세기 최고 건축가 중의 하나인 루트비히 미스 반 데어 로에는 "신은 디테일에 있다(God is in the details)"라고 했다. 장르를 불문하고 명작은 디테일이 아름다운 법이다.

《나의 문화유산 답사기》의 저자 유홍준 교수 강의를 들은 적이 있다. 디테일이 잘 살아있는 문화유산으로, 그는 수학여행 성지인 경주 불국사를 꼽았다. 강의 후 다시 찾은 불국사는 예전의 그것이 아니었다. 아는 만큼 보인다는 말은 진실이었다. 불국사 대웅전 정면으로 오르는 돌계단의 옆면. 여인의 한복 저고리 소맷단을 본떠 만든 그 문양은 실로 기가 막힌다. 살짝 하늘로 치켜 올린 우아한 곡선이 예술이다. 극락전 안양문에서 연화교를 내려가다 보면 연꽃무늬가 계단을 타고 내려간다. 이 또한 일품이다. 모르고 갔다면 그냥 지나쳤을 장면들. 눈에 잘 띄지 도 않는 건축물 이면에까지 이토록 혼을 쏟아부을 필요가 있었을까? 범인으로서는 가늠할 수 없는 장인의 경지다.

경영에서도 디테일은 중요하다.

"어떻게 해야 만들 수 있을까?"

늘 고심하는 '고객가치'란 놈도 실은 작은 데서 생겨나기 때문이다. 이케아는 웅변적 사례다. 이케아는 세계 최대의 가구 업체다. 북유럽풍의 실용적인 디자인에 더해진 획기적인 가격경쟁력에 전 세계가 열광했다.

이케아의 집착에 가까운 원가절감 노력은 놀랍기 그지없다. 매장부터가 도심에서 멀다. 땅값이 쌀 수밖에. 완제품이 아니라 DIY 형태로 제품을 공급하니 조립은 고객의 몫이다. 제조원가가 줄어든다. 플랫패킹이라 하여 모든 제품을 납작하게 포장했다. 물류비 절감을 위해서다.

이 정도는 약과다. 가구 조립설명서를 텍스트 대신 직관적인 그림으로 채워 넣었다. 자연스레 안내직원 숫자가 줄었다. 번역 비용도 줄었다. 압권은 볼트다. 앞뒤가 뭉툭한 볼트를 깎아 한쪽 끝을 뾰족하게 만들었다. 자재 사용량이 줄어 원가가 절감됐다. 무게가 줄어드니 운반비 역시 따라 줄었다. 자그마한 플라스틱 나사 기둥에도 홈을 팠다. 줄어든 0.1g들이 모이니 연간 수 억 원이 절감됐다. 손톱보다 작은 크기의 볼트와 나사도 놓치지 않는 매의 눈.

'더 낮은 새로운 가격'을 앞세운 이케아의 성공 비결은 다름 아닌 디테일에 있었다.

《도덕경》에서도 디테일의 중요성을 얘기한다. 도난어기이 위대어기세(圖難於其易 爲大於其細). 어려운 일을 하려면 쉬운 일부터 시작하고, 큰일을 하려면 작은 일부터 시작한다. 천하난사 필작어이 천하대사 필작어세(天下難事 必作於易 天下大事 必作於細). 세상의 어려운 일은 반드시 쉬운 일에서 시작된다. 천하의 큰일은 반드시 작은 일에서 시작된다. 시이성인 종불위대 고능성기대(是以聖人 終不爲大 故能成其大). 그래서 성인은 큰일을 하려고 애쓰지 않는다. 그러므로 큰일을 해낼 수 있는 거다.

《도덕경》 63장이다. 큰일이 따로 있는 게 아니다. 작은 일을 빈틈없이 계속해서 잘 해내는 게 큰일이다. 작은 일은 그래서 절대 작지 않다. 작은 일이 곧 큰일인 거다.

경영이란 측면에서 디테일을 놓쳐서는 안 되는 이유는 두 개다. 먼저, '성공 조건'으로서의 디테일이다. '착안대국 착수소국'이란 바둑 용어가 있다. 거시적인 안목으로 큰 흐름을 읽되 실행은 작은 것부터 구체적으로 해야 한다는 의미다. 허세 부려댈 일이 아니다. 승부는 디테일에서 갈린다. 그렇다면 디테일의 완성은 어디서 오는 걸까? 꾸준한 수련이다.

추사체로 유명한 김정희의 글씨를 보면 '이렇게 엉망진창으로 글씨를 써도 되는 건가?' 싶다. 하지만 추사체를 천하 최고의 글씨체로 칭송하는 이유가 있다. '장인적 수련' 때문이다. 그가 벗 권돈인에게 보낸 편지에 이런 내용이 있다. 칠십 평생에 벼루 열 개를 밑창 냈고, 붓 일천 자루를 몽당붓으로 만들었다고. 추사체는 뼈를 깎는 각고의 수련 속에서 피어난 한 떨기 꽃이었던 것. 관건은 디테일을 챙기는 부단한 노력이다. 이에 대한 추사의 생각은 확고하다.

"아무리 구천 구백구십 구분까지 이르렀다 해도 나머지 일분만은 원만하게 성취하기 어렵다. 이 마지막 일분은 웬만한 인력으로는 가능한 것이 아니다. 그렇다고 이것이 인력 밖에서 나오는 것도 아니다."

딴 것 없다. 더 노력하라는 일갈이다. 장인정신에서 비롯된 초인적 수련이 디테일을 완성한다. 불광불급(不狂不及). 미치지 않으면 미칠 수 없다. 미쳐야 미친다.

경영에 있어 디테일이 중요한 이유는 또 있다. '사전 예방'으로서의 디테일이다. '하인리히 법칙'이란 게 있다. '1 : 29 : 300의 법칙'이라고도 한다. 대형사고가 터지기 전에는 관련된 수십 차례의 작은 사고들과 수백 번의 징후들이 반드시 나타난다는 통계 법칙이다. 미국의 한 보험회사에서 일하던 하인리히란 사람이 사고사례 분석을 통해 찾아낸 통계치다. 한 명의 사망자가 발생한 재해사건에는 그 전에 같은 원인으로 경상을 입은 사람이 29명 있었고, 같은 원인으로 다칠 뻔한 사람이 300명 있었다는 거다. 요컨대, 큰 사고는 벼락처럼 갑자기 닥치는 게 아니다. 일정 기간 여러 차례의 경고성 징후들이 사전에 있다는 게 포인트다. 작은 일이라며 무심코 넘어가선 안 되는 이유다. 리더라면 디테일에 민감해야 한다. 일상에 돋보기를 들이대야 한다.

놀랍게도 노자는 통계치도 없었을 그 시절에 비슷한 얘기를 했다. 《도덕경》 64장이다.

기안이지 기미조이모(其安易持 其未兆易謀). 상황이 안정돼 있을 때는 유지하기 쉽다. 별다른 조짐이 없을 때는 뭔가 일을 추진하기가 쉽다. 기취이반 기미이산(其脆易泮 其微易散). 굳지 않은 것은 풀기가 쉽고, 아직 작아 드러나지 않은 것은 흐트러뜨리기 쉽다. 이어지는 제언이다. 위지어미유 치지어미란(爲之於未有 治之於未亂). 일이 생기기 전에 타당하게 처리하고, 난리가 나기 전에 미리 살펴 미리 다스려야 한다.

세상 모든 일이 다 그렇듯 처음부터 큰일은 없다. 합포지목 생어호말(合포之木 生於毫末). 아름드리 큰 나무도 작은 씨앗에서 자라난다. 구층지대 기어누토(九層之臺 起於累土). 9층 높이의 거대한 누대도 한 줌의 흙으로 시작된다. 천리지행 시어족하(天理之行 始於足下). 천 리나 되는 멀리 있는 길도 발밑 한 걸음부터 시작된다. 엄청나게 커 보이는 것들도 시작은 다 작았다는 얘기다.

사건·사고도 마찬가지다. 작은 사고가 자라고 쌓여 큰 재앙이 된다. 작다고 쉬이 흘려봐선 안 된다. 리더는 그래서 섬세해야 한다. 예민해야 한다. 천 리 둑도 개미구멍에 무너진다. 100에서 1을 빼면 99가 남는 게 아니다. 100 빼기 1은 0이다.

노자의 한 마디

도난어기이 위대어기세(圖難於其易 爲大於其細).

어려운 일을 하려면 쉬운 일부터 시작하고, 큰일을 하려면 작은 일부터 시작한다. 세상 모든 일이 다 그렇듯 처음부터 큰일은 없다. 작은 일을 빈틈없이 계속해서 잘 해내는 게 큰일이다. 작은 일은 그래서 절대 작지 않다. 작은 일이 곧 큰일이다.

더 높은 단계로 나아가고자 하는 사장에게

셀프 업데이트 : 어제의 나와 결별하라

첫 번째 장면. 한가롭게 풀을 뜯는 소 한 마리. 파리가 와서 쇠뿔에 내려앉았다. 얼마 후 파리가 소에게 말한다. "나는 이제 너를 떠날 거야. 붙잡지 마." 소가 말했다. "어, 너 누구야? 언제 왔어?"

두 번째 장면. 우물 안 개구리가 동해의 거북에게 우물의 크고 넓음을 자랑한다. 거북이 말한다. "천 리의 넓이도 동해보다 좁고, 천 길의 높이도 바다보다 얕다네." 이 말에 깜짝 놀란 개구리가 정신을 잃는다.

나는 내 생각만큼 그리 큰 사람이 아니다. 나는 내 생각만큼 그리 많이 알지 못한다. 소를 떠나겠다는 파리와 우물을 자랑하는 개구리를 비웃을 일이 아니다. 어리석은 파리와 아둔한 개구리가 바로 내 모습임을 알아야 한다. 노자도 설파한다.

지부지상 부지지병(知不知上 不知知病). 내가 모른다는 것을 아는 것은 최고의 덕이다. 모르면서 안다고 하는 것은 병이다. 성인불병 이기병병(聖人不病 以其病病). 성인에게는 이런 병이 없다. 병을 병으로 알기 때문이다. 그러니 병이 없는 것이다.

《도덕경》 71장이다. 공자도 논어에 비슷한 말씀을 남겼다. "아는 것을 안다고 하고 모르는 것을 모른다고 하는 것, 그것이 곧 앎"이라고.

나는 나를 모른다. 내가 나여서다. 내가 나이니 남이 보는 나를 알 수가 없다. 나를 객관적으로 바라봐 줄 또 다른 나가 필요하다. '메타인지(metacognition)' 얘기다. 나를 보는 또 다른 시선 말이다. 내가 '아는 것'과 '알고 있다 착각하는 것'을 구분해야 한다.

메타인지의 효용은 나의 한계를 정확하게 파악할 수 있다는 거다. 이게 없으니 문제가 생긴다. 내가 나를 몰라 생기는 문제? 과대평가다. 실제보다 나를 높고 크게 생각하는 거다. 그러니 안주한다. 답습한다. 자만한다. 하루를 평생으로 사는 하루살이는 계절의 변화를 알 수 없다. 내가 아는 모습이 세상 전부인 줄 안다. 인적 없는 뒷방에 들어앉아 혼자 왕 노릇을 하는 셈이다.

"지금도 잘 하는 '나'인데 고칠 게 뭐가 있을까? 그저 지금처럼만 하면 성공은 계속될 거야."

부질없는 자기 주문이다. 의미 없는 자기세뇌다. '경로의존성(Path Dependence)'도 한몫한다. 어떤 일을 수행하는 데 있어서 일정한 경로에 한번 의존하기 시작하면 나중에 그 경로가 비효율적이라는 것을 알게 되더라도 그 경로의 방식을 벗어나지 못하게 되는 사고의 습관. 경로 의존성의 사전적 의미다. 불합리하고 비효율적인 결정임에도 여태껏 달려온 관성 때문에 쉽게 바꾸지 못하는 거다.

세상만사, 시작이 어렵지 적응만 되고 나면 이후로는 거칠 것 없다. 뿌리만 내리면 안방은 내 차지다. 그 편하고 좋은 안방을 다시 내주라고? 안 될 말이다. 주판알이 익숙한 사람에게 컴퓨터가 불편한 건 그래서다. 익숙함이 불편함을 이긴다. 더 편한 선택지가 있지만, 이미 몸에 익은 걸 선택하는 거다.

활동적 타성, 바퀴 자국에 끼인 자동차, 현상 유지 편향, 닻 내리기 효과. 모두 관성적 타성을 의미하는 표현이다. 타성에 빠지면? 나락이다. 남들은 저만큼 앞서가는데 혼자만의 세상에 갇혀 깊이깊이 가라앉는다. 잘라야 한다. 끊어내야 한다. 어제의 나와 결별해야 한다. 혁신은 '새로운 처음'을 만드는 행위다. 새로운 처음은 매듭에서 비롯된다. 끝맺어야 다시 시작인 거다.

한때 일본바둑은 세계 최고였다. 지금은 아니다. 일본바둑의 키워드는 '능률'이었다. 능률의 바둑으로 세계를 주름잡았다. 승리에 취한 일본바둑에서 능률은 진리였고, 법(法)이었고, 신(神)이었다. 능률로써 승리했던 일본바둑은 능률에 집착했다. 승리의 도구였던 능률이, 승리를 제치고 목표가 됐다. 일본바둑의 날개였던 능률은 그렇게 일본바둑의 족쇄가 됐다. 일본바둑의 몰락 이유다. 박치문 바둑 칼럼니스트의 진단이다.

대부분의 기업도 성장 과정에서 어느 순간 장기적 정체의 늪에 빠진다. 매출의 정점에서 돌연 추락하는 거다. '프리미엄 포지션의 속박(Premium-Position captivity)' 때문이다. 1등의 지위를 누리고 즐기다 보니 승리에 취하는 거다. 환경을 지배한다. 착각하는 거다. 겸손한 이도 지속적인 성공을 맛보면 달라진다. 오만하고 방자해진다. 능력보다 과욕을 부린다. 자신을 과신한다. 겸손과 자만의 차이는 종잇장 한 장이다. 나를 왕좌에 올려주었던 내 역량이 어느 순간 혁신의 걸림돌이 된다. 겸손한 기업의 '핵심역량(Core Competence)'은, 그래서 오만한 기업의 '핵심경직성(Core Rigidities)'이 된다. 성공의 저주다.

내 향기에 도취하면 혁신과 성장은 물 건너간다. 지금의 나를 만들어 준 모든 것으로부터 한 발 떨어져 나와야 한다. "이렇게까지 해야 하나?" 물론이다. 이렇게까지 해야 한다. 과거의 성공방정식에 매몰돼서는 안 된다. 변화된 상황에 맞춤하는 새로운 승리방정식을 도출해야 한다. 한때의 승리에 취해 자기복제를 반복하던 일본바둑의 몰락은 답습의 위험과 혁신의 필요를 일깨워준다. 개인이나 조직이나 해법은 겸손이다.

'내 분야에서만큼은 모르는 게 없다, 모든 걸 다 안다.'라는 생각이 들면 '학사(學事)'다. 시간이 흘러 아는 게 아무것도 없었음을 알게 됐다고? 그쯤 되면 '석사(碩士)'다. 나만 모르는 줄 알았는데 알고 보니 아는 사람이 아무도 없다는 걸 깨달았다면? 축하한다. 드디어 '박사(博士)'다. 학사, 석사, 박사의 차이를 표현한 유머다. 인터넷에 떠도는 유머 한 꼭지를 살짝 각색했다.

《도덕경》도 얘기한다. 지자부박 박자부지(知者不博 博者不知). 진정으로 아는 이는 두루 해박하지 않다. 해박하다 나서는 이는 제대로 알지 못한다. 세상의 가장 큰 문제? 바보와 광신자들은 늘 확신에 차 있지만, 현명한 사람들은 늘 자신을 의심한다는 거다. 20세기 대표 지성 버트런드 러셀의 말이다.

문득 내 삶을 돌아본다. 학교를 졸업하고 직장생활을 하던 시절, 자신만만했다. 세상이 쉬웠다. 문제마다 답이 보였다. 그깟 인생은 마음만 먹으면 되는 거였다. 하지만 나이 마흔. 시나리오에 없던 일이 생겼다. 영화나 소설에서나 보던 큰 병이었다. 수술을 받고 열여덟 차례의 항암치료를 받았다. 새로운 도전에 나섰다. 회사를 관두고 독립했다. 시간이 흘러 완치 판정도 받았다. 물론 불행하지 않은 삶이다. 감사한 삶이다. 하지만 행복과 감사 여부를 떠나 의도했던 삶은 아니었다. 목표했던 삶은 아니었다.

반백 년을 살고 나니, 인생이란 내 맘대로 되는 게 아니란 걸 깨달았다. 삶은 쉬운 게 아니었다. 아니, 어려웠다. 안다고 여겼지만, 아는 게 아니었다. 모르면서 아는 줄 알았던 거다. 그래서 이제는 조심스럽다. 그래서 이제는 신중해진다. 치켜들었던 머리를 그래서 숙인다. 나이와 함께 이렇게 철이 들어가나 보다. 이렇게 익어가나 보다.

안영은 중국 제나라의 명재상이다. 사마천이 저서 '사기'에서 "안영이 살아있다면 그를 위해 채찍을 드는 마부가 돼도 좋을 만큼 흠모한다."라고 밝혔던, 천하의 현신이었다.

그에게 마부가 하나 있었는데, 한 나라 재상의 마차를 끄니 기고만장했다. 이를 본 마부의 아내가 말했다. 안영은 재상의 지위에도 늘 사려 깊고 겸손한데, 당신은 마부인 주제에 그리 건방을 떠냐는 타박. 이에 마부는 대오각성하고 겸손한 사람으로 거듭났다. 이를 눈여겨본 안영은 자초지종을 듣고는 마부를 천

거하여 대부로 삼았다.

현명한 아내 덕분에 새로운 삶을 살게 된 마부의 이야기다. 마부에게 아내는 스스로 보지 못하는 나 자신을 객관적으로 보아주는, 훌륭한 메타인지였던 셈. 그 마부, 부러울 것 하나 없다. 내 아내도 항상 내게 얘기해서다. “당신이나 잘하세요.” 감히 오만하고 방자할 수 없게 만드는 냉철한 나의 메타인지. 결혼 참 잘했다는 생각은 예나 지금이나 변함이 없다. 진짜다, 험험.

노자의 한 마디

지부지상 부지지병(知不知上 不知知病). 성인불병 이기병병(聖人不病 以其病病).

내가 모른다는 것을 아는 것은 최고의 덕이다. 모르면서 안다고 하는 것은 병이다. 성인에게는 이런 병이 없다. 병을 병으로 알기 때문이다. 그러니 병이 없는 것이다. “지금도 잘하는 ‘나’인데 고칠 게 뭐가 있을까? 그저 지금처럼만 하면 성공은 계속될 거야.” 부질없는 자기 주문이다. 의미 없는 자기세뇌다. 더 높은 단계로 나아가고자 하는 사장이라면 모르는 것은 알아야 한다. 그게 사장의 미덕이다.

내 눈에 노자는 창의혁신의 CEO였고, 내 눈에 《도덕경》은 경영혁신의 바이블이었다. '무위자연(無爲自然)'은 그 무엇보다도 강렬한 도전과 혁신의 지혜였고, '유무상생(有無相生)'은 그 무엇보다도 강렬한 창의와 상상의 통찰이었다.

_머리말에서

사장을 위한 노자

초판 1쇄 발행 2021년 9월 1일

지은이 안병민
펴낸이 정덕식, 김재현
펴낸곳 (주)센시오

출판등록 2009년 10월 14일 제300-2009-126호
주소 서울특별시 마포구 성암로 189, 1711호
전화 02-734-0981
팩스 02-333-0081
메일 sensio@sensiobook.com

기획 · 편집 백상웅, 심보경
마케팅 허성권
경영지원 김미라
표지 디자인 섬세한 곰 **본문 디자인** notebro

ISBN 979-11-6657-038-4 03320

CEO의 서재 시리즈 센시오

1. 상추 CEO
류근모 지음

3. 일본에서 가장 수익률 높은 공장 에이원 이야기
우메하라 가쓰히코 지음

4. 경영자가 가져야 할 단 한 가지 습관
스즈키 도시후미 지음

6. 돈키호테 CEO
야스다 다카오 지음

7. 거북이 CEO
니토리 아키오 지음

8. 자전거 타는 CEO
류진바오, 여우쯔옌 지음

10. 반딧불이 CEO
이시자카 노리코 지음

11. 트럭 모는 CEO
배성기 지음

12. 이타경영
창융파, 우진쉰 지음

13. 철학이 있는 기업
괴츠 W. 베르너 지음

14. 매니징
헤럴드 제닌 지음

15. 사장을 위한 심리학
천서우롱 지음

16. 사업을 한다는 것
레이 크록 지음, 손정의 해설

17. 회사개조
사에쿠사 타다시 지음

18. 성공한 사람들은 왜 격무에도 스트레스가 없을까
니시와키 슌지 지음

19. 전략의 거장으로부터 배우는 좋은 전략 나쁜 전략
리차드 럼멜트 지음

20. 이익을 내는 사장들의 12가지 특징
산조 게이야 지음

21. 사장을 위한 MBA 필독서 50
나가이 다카히사 지음

CEO의 서재 시리즈 센시오

㉒ **경영 전략의 역사**
고토사카 마사히로 지음

㉓ **일을 잘 맡긴다는 것**
아사노 스스무 지음

㉔ **사장자리에 오른다는 것**
아타라시 마사미 지음

㉕ **경영자가 알아야 할 문제해결의 모든것 아마존에서 배워라**
사토 마사유키 지음

㉖ **사장을 위한 언택트 시대의 커뮤니케이션**
김은성 지음

㉗ **사장을 위한 회계**
야스모토 다카하루 지음

㉘ **사장을 위한 교양 MBA**
와세다대학교 비즈니스스쿨 지음

㉙ **이익을 내는 사장은 말투가 다르다**
요시다 유키히로 지음

㉚ **사장을 위한 권력학**
기타니 데쓰오 지음

㉛ **사장을 위한 명문장 260**
시란 유 지음

㉜ **MBA 마케팅 필독서 45**
나가이 다카히사 지음

㉝ **사장을 위한 인문학**
이남훈 지음

㉞ **사장을 위한 노자**
안병민 지음